JN314961

小嶋ルミの
決定版 ケーキ・レッスン
生地からわかる38品

はじめに

ケーキ・レッスンへようこそ！

　レシピ（配合）だけでは、お菓子づくりの本質部分は伝わらない……。
これは、20年以上お菓子教室を続けてきた私の率直な感想です。もちろん、レシピが大切なのはいうまでもありませんが、その配合を生かす混ぜ方、泡立て方などの技術が備わってはじめて、素晴らしいレシピを再現できると思うのです。同じ配合であっても、そのつくり方、混ぜ合わせ方によっては、まったく別のものができてしまいます。

　そもそもお菓子づくりとは、小麦粉や砂糖など形のないもの同士を「適切に混ぜて、つなげて、生地をつくり上げる」ことであり、すべてのお菓子が最適な混ぜ方、はらい方を順序よく組み合わせることででき上がります。

　この本ではまず、お菓子づくりの基本動作「混ぜる」「泡立てる」「はらう」の解説からスタートします。ゴムベラの持ち方、動かし方まで詳しく説明していますので、ぜひ一度、自己流のクセを手放して、本書の混ぜ方・作業手順どおりに実践してみてください。そして作業中は「生地の様子をよく見る」ことを忘れずに。確実にお菓子づくりがレベルアップし、これまでとは違う食べ心地のいいおいしい生地ができ上がることでしょう。混ぜる、はらうなどの地味でありきたりな作業がいかに重要か実感していただけると思います。これらの基本動作を習得してもらいたいという願いを込めて、レシピブックではなく、あえて「ケーキ・レッスン」という書名をつけました。

　初心者の方、お菓子づくりに慣れた方を問わず、「何となく」つくっていてはおいしいお菓子はできません。すべての作業一つひとつに意味があり、それらを理解したうえで自分の判断でお菓子づくりができるようになれば、お菓子の世界はもっと広がるはずです。生地の状態を見ながらつねに先を考え、頭で理解した行動を手に伝え、その手の力をゴムベラや泡立て器に伝えて、愛情を込めてお菓子をつくってください。それこそがおいしいお菓子をつくり上げる基礎だと私は思います。

2011年7月　小嶋ルミ

目次

はじめに …… 3
　　ケーキ・レッスンへようこそ！

レッスンの前に …… 6
レッスン1 …… 8
　　混ぜる、泡立てる、はらうの基礎
レッスン2 …… 10
　　泡立てた生地に粉を混ぜる

プリン …… 16
クレメ・ダンジュー …… 20
フィナンシエ …… 24

マフィン …… 28
　🟠 マフィンのバリエーション
　　りんご、豆いろいろ、バナナ×パイン
　　いちご×ホワイトチョコ

パウンドケーキ …… 36
　🟠 パウンドケーキのバリエーション
　　スパイス、オレンジ、抹茶

シフォンケーキ …… 44
　🟠 シフォンケーキのバリエーション
　　バナナ、春菊＋ゴマ、ジンジャー＋チョコレート

フルーツのタルト …… 52
　🟠 フルーツのタルトのバリエーション
　　マンゴー、ルバーブ、ブルーベリー

チーズケーキ …… 60
　　ベイクドチーズケーキ
　　スフレチーズケーキ

チョコレートケーキ …… 68
　　フォンダン・オ・カシス
　　蒸し焼きガトーショコラ
　　ウォーターチョコレートケーキ

シュークリーム ……… 79

モンブラン ……… 84

いちごのショートケーキ ……… 88

ロールケーキ ……… 98
- 🍑 ロールケーキのバリエーション
  フルーツロール、チョコロール

ケーク・サレ ……… 106
チーズ入りの生地
- 🍏 チーズ入り生地のバリエーション
  サーモンとクリームチーズ、キノコとアサツキ
  ほうれん草とクルミ

ヤマイモ入りの生地

野菜のタルト ……… 117
タマネギのタルト
トマトとパプリカのタルト

副材料をつくる ……… 122
器具と材料について ……… 126

・器具、材料についての注意事項、推奨品などは126ページを参照ください。
・オーブンはコンベクション電気オーブンを使用しています。予熱方法については6ページに記しています。天板は予熱しません。
・大さじ1は15cc、小さじ1は5cc、1ccは1mlです。

撮影　長瀬ゆかり
アートディレクション　岡本洋平
デザイン　島田美雪（岡本デザイン室）
料理アシスタント　鴨井幸子
編集　池本恵子

本書は月刊誌『café-sweets』105〜114号の連載企画「小嶋ルミの基本のケーキ・レシピ」の内容に加筆修正し、新規レシピを追加して再構成したものです。

レッスンの前に

1 材料は新鮮で良質なものを

おいしいお菓子をつくるために、新鮮で良質な材料は欠かせません。卵、バター、生クリームなどの生鮮品はもちろん、アーモンドパウダーなどのナッツ類も酸化していない鮮度のよいものを求め、**すべての材料は早めに使いきるよう**心がけましょう。また、購入時には原材料もチェックして、できるだけ添加物や混ぜものが少ない素材を選んでください（主要な製菓器具と材料については126ページ）。

2 計量は正確に

お菓子づくりの第一歩は、正確な計量から。本書は1g単位で分量を表示しています。計量カップでは誤差が出やすいので、必ずデジタル計りを使ってください。最初に材料をすべて1種類ずつ計量し、**粉類は計量してからふるいます**。

3 オーブンの予熱

オーブンの予熱は「焼成温度＋20〜40℃」です。これほど温度を上げる理由は、電気オーブンの場合、生地を入れると庫内の温度が一気に30〜40℃も下がり、適温に上がるまで5分以上かかるからです。同様に予熱の適温になってもすぐには扉を開けず、5分以上おいてから生地を入れてください。また、焼き加減のチェックなど**オーブンの扉を開ける回数・時間はできるだけ減らし**、扉を1回開けるたびに焼成時間を1〜3分間のばすようにします。せっかくつくった生地ですから、充分に温めたオーブンでおいしく焼き上げましょう。

4 作業手順のシミュレーション

材料の準備ができたら、頭の中で作業の流れを再確認します。生地タイプ別に適した混ぜ方・泡立て方があるので、**各工程の目的と仕上がりをイメージして手順をシミュレーション**してみましょう。本書では複数の手順が混在するものは、とくに「作業の流れ」をチャートで記しています。作業の目的と全体の流れをつかんでおくことで、途中で作業が途切れることなくお菓子がスピーディーに、確実にでき上がります。

● 作業の流れ

バターと砂糖をなじませる
↓
バターを泡立てる
↓
粉を加えて混ぜる 混ぜ方B
↓
混ぜ方B

5 温度を意識する

まずは調理する部屋の室温を確認しましょう。本書では**室温を19〜23℃、「室温にする・もどす」とは品温を20℃前後にすること**としています。この温度帯がもっとも作業がスムースに進むと考えているからです。加えて、準備段階での材料の温度、作業中の生地の温度にも気を配ってください。それぞれ最適な品温にすることで作業が的確に進み、きれいな泡立ちや焼き色が得られ、いつでも安定したおいしさに仕上がります。とくに夏や冬には室温や品温の差が大きくなるので温度管理に注意が必要です。ときには、ボウルに氷水（温度を下げる）や蒸しタオル（温度を上げる）を当てたり、合わせる卵や小麦粉などの温度を調節してから使用します。手軽な非接触型の温度計を使って、つねに品温をチェックする習慣をつけましょう。ちなみに**人肌温度とは36℃前後**です。

レッスン1
「混ぜる」「泡立てる」「はらう」の基本

作業は右手を「きき手」としています。
左ききの場合は逆にしてください。

器具をしっかりと持ち、均等な圧力をかけて
ボウルに密着させて作業します

ゴムベラは生地に約2cm幅のあとがくっきりとつくように、
泡立て器はボウルに羽根3本が当たり
しなっている状態で混ぜ合わせます

混ぜる

お菓子づくりの基礎となる重要な作業です。基本中の基本で見すごされがちですが、効率よく的確に行なうことで作業がスムースに進み、その仕上がりもレベルアップします。混ぜ合わせる素材の性質や、混ぜる目的、どのように仕上げるのかによって混ぜ方、使う器具が変わってきます。混ざり具合をよく見て、生地の変化を観察しながら混ぜることが大切です。

→粉を混ぜるテクニックは
　12ページ

左右に大きく

液体同士や**液体とほかの素材をスピーディーに確実に混ぜる**方法。泡立て器を上から深く持ち、泡立て器の先をボウルから離さないようにして、左右に大きくボウルの側面に打ちつけるように素早く動かします。
→いちごのショートケーキ（91ページ手順2）

泡立て器を立てて持つ

固さや**濃度のある生地をムラなくなめらかに混ぜる**方法。泡立て器の羽根のすぐ上を握って持ち、泡立て器の先がボウルの底や側面にしっかりとつき、羽根3本がしなっている状態で力強く円を描いて混ぜます。
→ベイクドチーズケーキ（63ページ手順5）

ゴムベラで押し混ぜる

バターなど**固さのある素材をなじませながら混ぜる**方法。ゴムベラの面の先に人差し指をあて、すき間なくボウルに力強く押し当てて混ぜます。バターがやわらかくなるのを防ぎ短時間で均一に混ざります。
→パウンドケーキ（39ページ手順2）

箸を使って混ぜる

小麦粉のグルテンを出さないように特別に考えた**生地に負担をかけない混ぜ方**。箸3本を開いて持ち、円を描きながら混ぜて同時に左手でボウルを回していくと、ほぼ35～40回でさっくりと混ざります。
→ケーク・サレ（109ページ手順9～）

泡立てる

卵や生クリーム、バターを泡立てるときは、ハンドミキサーを使います。ミキサーの羽根が作業台に垂直になるように持ち、ボウルいっぱいに大きく円を描くように同じ高さで回します。羽根がボウルの側面に当たってカタカタと音がするくらい。つまりボウルと羽根の間にすき間をつくらないのがポイントです。右手でミキサーを回しながら、ときどき左手でボウルを回転させると全体がムラなく均等に泡立ちます。仕上がりを「〇分間泡立てる」と時間表記しますので、キッチンタイマーを使ってください。

全卵を泡立てる

スポンジケーキのジェノワーズ生地(91ページ)のように、全卵と砂糖を共立てにする方法。「全体が白っぽく」では不十分で、泡立てる時間も大切。ミキサーの羽根を持ち上げて**生地で「の」の字を書き、その字がしばらく残るまでしっかり泡立て**ます。

卵白を泡立てる

メレンゲの用途や配合によって仕上げ方が異なりますが、**シフォンケーキの場合、充分にかさが出て、分離する一歩手前までしっかり泡立て**ます。このメレンゲが食べたときの絶妙の軽さとやわらかさを生みます(47ページ)。

バターを泡立てる

パウンドケーキの生地(39ページ)は、バターと砂糖を充分に泡立て、全卵を加えてさらに泡立てます。バターを**空気をたっぷり含んだクリームのように泡立て、多く気泡をつくる**ことで口どけよく軽い生地に仕上げます。バターは20℃前後がもっともよく泡立ちます。

はらう

ゴムベラを使って、ボウルの側面をきれいにぬぐう作業です。新たな材料を加える前に、または異なる作業に進むときにこの作業をすると、生地の「混ざりムラ」がなくなります。ボウルからボウルへ生地を移したり、型に流し込むときにも効率のよいはらい方を心がけましょう。生地を傷めないためにもヘラを入れる回数を減らします。ボウル側面の「はらい方」は1を、型などへ生地を移すときは1～6まで連続して作業します。

1 ゴムベラの長いほうの線をボウルの側面に密着させ、ボウルの手前正面から反時計回りに1周する。側面とヘラの角度は35～45度を保ち、ややスピードをつけて1回で1周してきれいにする。ひじを上げ、ゴムベラをしっかりと垂直に立てること。1周したあとは逆手の状態になる。

2 ボウルを少し手前に傾けながら、しっかりとヘラの先をボウルに密着させて、時計の5時から8時の位置まで反時計回りに約半周させる。

3～4 さらにボウルを手前に倒しながら、ヘラ先で右から左へ半円を描くように側面から底をはらっていく。そのままヘラの幅ずつ底をぬぐい、3回ほどでボウルの生地をはらいながら生地を型に入れる。

5～6 下側になったボウルの側面と縁についた生地も残さず型に入れる。ヘラをボウルから離さないよう、一手を長くする。手順1～6まで8回ヘラを入れて行う（八手できれいにする）。作業後はボウルに生地が残っていないように。

🍫 ゴムベラについて

本書における各部の呼び方

背、または長いほうの線
ゴムベラの直線になっているほうの辺。この部分でボウルの側面をはらう。

ヘラ先
ゴムベラの先端でよくしなる部分。弾力性を利用して、押し混ぜたり、ボウルの底の生地を集めたりするのに使う。

エッジ
ゴムベラ先端のカーブした部分。生地と粉を混ぜ合わせるときは、この部分をボウルの底〜側面に密着させて同じ圧力をかけて作業を行なう。

持ち方
エッジの部分を下側にして、上からかぶせるように柄をしっかりとにぎる。人差し指をのばし、親指とはさむようにして持って固定する。裏から見た図（写真下）。人指し指に力を入れて柄を押すように持ち、手首を使わずに混ぜる。

🍫 絞り袋の使い方

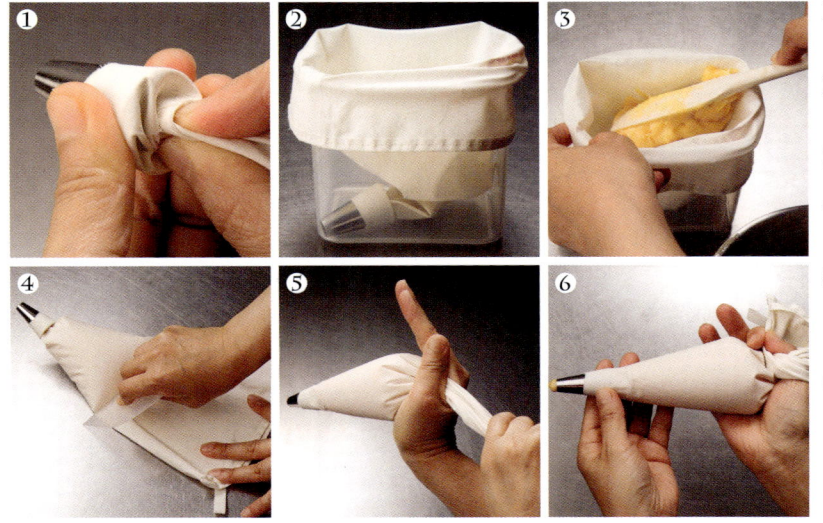

1 絞り袋に口金を入れ、口金のすぐ上をひねって口金の中に押し込んでおく。

2 深めの容器に口金を下にして入れ、開口部を外に返して固定する。

3 クリーム、または生地を入れる。

4 台に置き、カードのたいらな方で口金に向かって袋をしごき、生地を前方へ送る。

5 絞り袋を右手親指と人差し指の間ではさみ、左手で中身の入っていない方を手前に引いて袋を張った状態にする。

6 そのまま右手親指にひと巻きし、口金の部分を左手で支えて持つ。つねに袋を張った状態にすることで右手の力が伝わり、うまく絞ることができる。

レッスン2
「泡立てた生地に粉を混ぜる」

泡立てた卵やバターの生地に粉を混ぜ込むのは、相応の技術が必要です。混ぜ方が悪いと"きめ"がととのわない不均一な生地ができたり、生地に負担がかかって失敗につながります。この「粉を混ぜ込む」テクニックこそ本書の「肝」であり、ワンランク上のお菓子づくりに欠かすことができません。ここではジェノワーズ生地の混ぜ方を基本に、派生する4種類の混ぜ方をご紹介します。ポイントは、ゴムベラの力の加え方と、角度と動かし方。しっかりとヘラを持ち、ボウルの側面から側面まで使って均等な力と一定の速度で混ぜていきましょう。

基本の混ぜ方
混ぜ方A 「ジェノワーズ混ぜ」

泡立てた卵生地に粉を加えて混ぜる方法。ヘラの面でしっかりと混ぜる。
いちごのショートケーキ（92ページ12〜17）など。

1 時計の2時（実際には1時半〜2時の間くらいの位置。以下同）の位置からゴムベラを入れる。左手は9時の位置でボウルを持つ。

2 ボウルの底にヘラのエッジ（カーブした部分）を強く密着させながら、ボウルの中心を通って8時（7時半〜8時の間くらい。以下同）の位置までまっすぐに進む。エッジはボウルに対して直角を保つ。

3 ヘラがボウルのカーブまできたら、少しずつヘラ面を上にして生地をのせ、エッジでボウル側面を斜めになぞるように進める。側面も底と同じ圧力でヘラを密着させる。

4 ボウルの側面を12〜15cmなぞりながら、ヘラを9時半の位置まで進める。側面をなぞるのと同時に、左手でボウルを7時の位置まで反時計回りに回す。

5 ヘラは生地の液面ぎりぎりまでしっかりなぞってはらう。側面に生地を残さないようにする。

6 9時半の位置からややボウルの中心よりで自然に手首を返す。この後、7時の位置で持っている左手を9時の位置に戻して、手順1から同じようにくり返す。10秒間で6〜8回くらいのスピードでリズミカルに混ぜていく。

混ぜ方B「ロールケーキ混ぜ」　イメージしやすいように泡立てた生クリームを使用しています。

Aのジェノワーズ混ぜに近いが、細粒タイプの粉や、
少量の粉を混ぜる場合に有効。
ロールケーキ(101ページ8〜11)など

> トンッ

1 時計の2時の位置からゴムベラを入れる。左手は9時の位置でボウルを持つ。
2 ボウルの底にヘラのエッジ(カーブした部分)を当てながら、ボウルの中心を通って8時の位置までまっすぐに進む。　**3** ヘラ面を上に向けながらボウルの側面をなぞるのと同時に、左手でボウルを7時の位置まで反時計回りに回す。
4 側面をなぞってヘラが生地から出てもすぐに手首を返さず、ヘラ面を上に向けたまま、ボウルの中心よりやや左上で3cmほど上下に一度「トンッ」と振って粉を散らす。粉を散らすことで、小さな粉ダマができにくくなり、まんべんなく粉を混ぜることができる。　**5** そのまま手順1にもどる。
※左ページの「ジェノワーズ混ぜ」がスムーズにできるようになったら、手順4を行なわず、すぐに手順3から5へ進んでもよい。その際に重要なのはスピードで、10秒間で14〜15回混ぜる(手早く混ぜれば粉ダマができにくい)。

混ぜ方C「バターケーキ混ぜ」

泡立てたバター生地に粉を混ぜ合わせる方法。
生地が固いので混ぜるスピードはAのジェノワーズ混ぜより遅い。
ジェノワーズと違い、すくい上げた生地を中心に落とすのが特徴。
パウンドケーキ(39ページ9〜15)など。

1 2時の位置からゴムベラを入れる。左手は9時の位置でボウルを持つ。　**2** ボウルの底にヘラのエッジ(カーブした部分)を当てながら、ボウルの中心を通って8時の位置までまっすぐに進む。　**3** 8時の位置にきたら、ヘラ面を上に向けてボウルの側面をなぞるのと同時に、左手でボウルを7時の位置まで反時計回りに回す。　**4** ヘラは9時半の位置までしっかりなぞる。このときヘラ上面に生地がたくさんのるようにするのがポイント。生地をのせたヘラはすぐに返さず、ヘラ面を上に向けたままボウルの中心まで平行移動させる。　**5** そのまま素早く手首を90度返して、ヘラ先を軽くボウルの中央につけるようにして生地を落とす。10秒間で4〜5回混ぜる。手順1にもどり、中心に落とした生地をすくうようにして次に進む。

13

混ぜ方D 「シフォンケーキ混ぜ」

メレンゲと他の生地を混ぜ込むときの方法。
混ぜ込むときはヘラの面ではなくエッジ（カーブした部分）を使い、
素早くボウルの中でだ円を描くようにして切り混ぜる。
シフォンケーキ（48ページ13〜14）など

1 ボウルの中心近くへ、左下側に向かってゴムベラを入れる。左手は9時の位置を持つ。　2 ボウルの左斜め下のカーブまできたらヘラ先をコツンとあて、3 ヘラ面を上にして4〜5cm持ち上げ、すぐに1へ戻る。　4 ボウルの中心よりやや左下で、横10cm×縦5cmのだ円を描く要領で。この混ぜ方では手首を返さない。　ひとつの円を描くたびに、左手でボウルを7時の位置まで反時計回りに回す。この作業を途切れることなく、1秒間に2回ほど混ぜる。最終的には35〜45回くらい（20〜25秒間ほど）でメレンゲをほかの生地に混ぜ込んでいく。手早く動かすことで、メレンゲが小さなダマになりにくい。

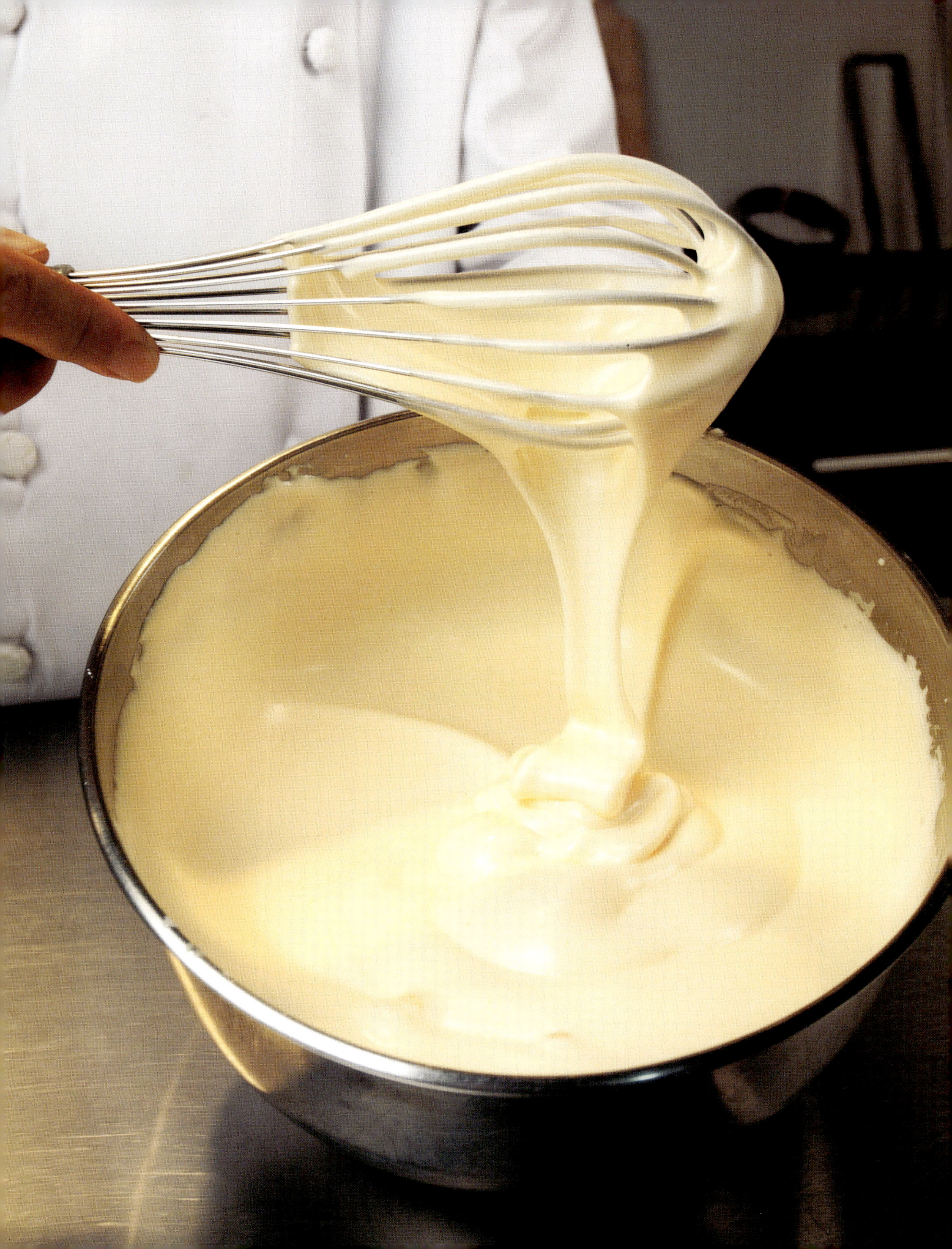

プリン Crème caramel

オーソドックスな型抜きタイプのレシピをご紹介します。
このプリンはほどよく固まっているのに、スプーンを入れたときの感触はとてもやわらかく、
口どけもなめらか。これは生クリームと卵黄をプラスした効果です。
そこへカラメルの苦みとバニラを加えて、やさしいだけでない、
高級感のある味わいに仕上げました。ポイントは、低温で火を入れ、
焼き上がったらオーブンからすぐにとり出して長く焼きすぎないこと。
バットでふたをして火のまわりを確実にし、150℃という低温でゆっくり火を通します。
とはいえ、オーブンの種類や庫内の場所によっても温度差がでてくるもの。
オーブンの特徴をつかむまで数回は失敗を覚悟で、ベストな焼き時間を探ってみてください。

材料（100ccのプリンカップ8個分）

牛乳　460g
生クリーム　40g
グラニュー糖　120g
バニラビーンズ　1/5本
全卵　150g
卵黄　42g
カラメル
　グラニュー糖　45g
　湯　30g

下準備

・オーブンを予熱する（焼成温度150℃＋20〜40℃）。

🍴食べごろ

・冷蔵庫で充分に冷えたら食べごろです。
・冷蔵庫で3〜4日間、保存可能です。

ポイント

・なめらかな口どけの秘密は、低温でゆっくり焼くこと。さらに、バットでふたをして蒸し焼きにすることで火の通りがよくなり、表面が固くならずに仕上がります。

・オーブン庫内は場所によっても焼き具合に差がでるので、火の入ったものから順次とり出します。

・バニラビーンズを加えることで卵のくさみをやわらげ、家庭のプリンとは違う高級感のある味わいに仕上がります。クセのないマダガスカル産がおすすめです。

・焼成後の確認は1〜2回をめどに時間を設定しています。何度も扉を開けるとオーブン庫内の温度が下がり、トータルの焼成時間が長くなるので適宜調整してください。

カラメルをつくる

1 鍋に砂糖を入れて中火にかけ、木べらで混ぜて煮溶かす。周囲がキツネ色になってきたら、火を弱める。

2 ぷくぷくと全体が沸騰し、茶色に焦げたら火を止め、色を確認する。ここで鍋をゆすりながらしっかりと焦がす。すぐに湯を加えて素早く混ぜ合わせる。湯を加えると音がしてはねるのでやけどに注意。

3 ボウルに水を入れ、カラメルを少量落として固まればOK。焦がしたりないと仕上がりが甘ったるくなるので、焦げすぎかなと思うくらいがちょうどよい。

プリン生地をつくる

4 プリンカップにカラメルをそそぎ分ける。スプーンなどは使わず、鍋から直接そそぎ入れる。とくに冬場は固まりやすいので、全体の動作をスピーディーに行なう。

5 カラメルの量は、型の底面に少し隙間を残す程度に。量は好みだが、多すぎると甘くなりすぎたり、プリン生地の風味に勝ってバランスが悪くなるので注意する。

6 バニラビーンズをナイフの背でしごいて種を取り出す。

7 鍋に牛乳、生クリーム、砂糖の2/5量、6のバニラビーンズのさやと種を入れて、40〜45℃に温める。卵を合わせたときに温度が高いと、オーブンに入れたときに早く火が入ってしまうので、温度を上げすぎないように注意する。

8 ボウルに全卵と卵黄を混ぜ合わせ、泡立てないように注意しながら泡立て器でしっかりとほぐす。気泡が入らないように、泡立て器の先をボウルから離さないように、左右に大きく動かして混ぜること。

9 グラニュー糖の残りを加え、同様になるべく泡立てないように注意して混ぜる。

10 充分に混ざり、砂糖が溶けてさらさらとした状態に。牛乳を加えたあとは、卵はほぐれにくくなるため、この段階でしっかり卵のコシをきっておく。

11 7の温度を40℃にし、10に加えて混ぜ合わせる。

12 全体をなじませるようにゆっくりと混ぜる。余分な気泡をつくらないように泡立て器の先をボウルから離さない。

13 12を目の細かい網で漉す。よく混ざっていれば、網にはバニラのさやとカラザが残るくらい。もし卵白が多く残ったら、卵と砂糖が混ざっていない証拠。よく混ぜることでなめらかなプリンができる。

14 漉したプリン生地の表面にある細かな気泡を取り除く。バニラの種は残したいので、紙などに吸わせずレードルやスプーンでさっととる程度に。

15 この段階で、プリン生地の温度は30℃前後が理想。30℃くらいが焼成時間をそろえ、なるべく効率よく焼き上げる温度。温度が低いと焼成時間がかかり、高すぎるとオーブンの中で早く火が入り、なめらかに仕上がらない。

焼成前の準備

16 ふきん、またはオーブンペーパーを敷いたバットに5のプリンカップを並べ、15の生地をそそぐ。型の8分目まで均等にそそいでから少し生地を混ぜ、改めて均等にそそぎ分ける。ボウルの底にバニラの種が沈むので、それを均等に分けるため、2段階に分けてそそぎ入れる。

17 50℃に温めた湯をバットに1.5cm高さまでそそぐ。湯をそそぐ際にプリンカップを片側に寄せておくと、プリンに湯が入る心配がなくなる。湯の温度を毎回一定にすることで、焼き時間が安定する。

18 バットを天版にのせ、もう1枚のバットをかぶせてふたをする。ふた用のバットは浅いものでOK。ぴったりふたができ、蒸気がまわる空間があればよい。

焼成

19 150℃のオーブンで約40分間湯せん焼きにする。仕上がった頃合いをみて、火の通り具合を確認する。型を取り出してゆすり、全体が少しゆれる程度になっていれば火が通った証拠。中心だけが小きざみにゆれる場合は完全に火が通っていないのでもう少し焼く。また、火の通ったプリンから順次オーブンから取り出す。バットの湯に長くつけたままでも固くなるので注意する。粗熱をとってから冷蔵庫で冷やす。

型のはずし方

側面にナイフを差し入れ、ぐるりと1周させる。皿をのせて裏返し、そっと型を抜く。

クレメ・ダンジュー *Crémet d'Anjou*

クレメ・ダンジューはフロマージュ・ブラン(生チーズ)を使った真っ白な冷菓。
日本での知名度はまだまだですが、誰からも好かれる爽やかでやさしい味わいが特徴です。
フロマージュ・ブランさえ手に入れば、凝固剤(ゼラチン)すら使わない手軽なお菓子です。
専用の水きり型もありますが、ここではガーゼとキッチンペーパーを使って
簡単で確実な水きり方法をお教えします。また、イタリアンメレンゲは難しいと
敬遠されがちですが、少量つくるこのレシピでは失敗が少なく、
手順も簡単なので初心者の方にもおすすめです。そのままでも充分においしいのですが、
ソースをかけるとまた違ったおいしさが発見できます。
はちみつとフランボワーズ、香り高い2種類のソースをご紹介します。

材料（約6cmの大きさ約5個分）

フロマージュ・ブラン　120g（水きりした状態）
［ 水　14g
　 グラニュー糖　55g ］
［ 卵白　41g
　 グラニュー糖　6g ］
サワークリーム　90g
生クリーム　90g
フランボワーズ（ホール。冷凍または生）　5個

食べごろ

・つくった当日〜翌日が食べごろです。
・ガーゼに包んだ状態でタッパウエアなどに入れ、冷蔵庫で2日間保存できます。

ポイント

・下準備と仕上げの段階でしっかりと水きりするのがポイント。最初はコーヒー用ペーパーフィルターで、仕上げはキッチンペーパーで強制的に水きりします。

・イタリアンメレンゲは5℃以下に冷やしてからクリームに加えます。こうすると全体がダレずに口どけよく仕上がります。

・ソースは2種類。どちらも加熱しないので、素材の風味が生きたフレッシュな味わいが楽しめます。

・フロマージュ・ブラン、サワークリームは中沢乳業製を使用しています。

下準備

・フロマージュ・ブランは水きりする。

・30×20cm大のガーゼをつくる数だけ用意する。ガーゼをしばる輪ゴムも同数。6〜6.5cmのセルクル型、またはプリンカップなど同程度の深めの器を準備する。

フロマージュ・ブランの準備

1 フロマージュ・ブランは、コーヒーのドリッパーとペーパーフィルターを使い、冷蔵庫で2〜3時間ほど水きりする。150gのものが約120gになる。使う直前まで冷蔵庫でよく冷やしておく。

イタリアンメレンゲをつくる

2 シロップをつくる。小鍋に水と砂糖を入れて火にかける。砂糖の量が多いので、最初にスプーンなどで混ぜて砂糖を溶かし、沸騰したらそのまま1分間煮詰める。大きな泡が連続して沸いてくるのが目安。温度計があれば110〜120℃にする。

3 2のシロップを火にかけたら、同時に卵白を泡立てはじめる。中サイズのボウルに卵白を入れて砂糖を加える。ハンドミキサーを高速にして1分30秒〜2分間泡立て、8〜9分立てのメレンゲをつくる。

4 ミキサーを低速にして、2のシロップを一気に加える。量が少ないので一度に加えた方が固まらず効率的。この後も30秒ほどミキサーを回し続ける。メレンゲのでき上がりとシロップを煮つめるタイミングをそろえるように。

5 次に、ボウルごと氷水に当ててメレンゲが人肌に冷めるまでさらに泡立てる。つやが出てきめがととのい、ピンと角が立てばイタリアンメレンゲのでき上がり。

6 5が20℃以下になったらゴムベラで表面をならして厚さを均一にする。冷凍庫に入れて、5℃前後まで冷やす。

生地をつくる

7 1のフロマージュ・ブランにサワークリームを混ぜる。続いて液体のままの生クリームを3〜4回に分けて加え、そのつど30〜40回ほど大きく混ぜてぼってりとした固さをつくる。混ぜることでやわらかいクリームがやや締まってくる。

8 7がイタリアンメレンゲと同じくらいの固さになったら、メレンゲを加える。メレンゲは一度、ゴムベラで軽く混ぜてから2回に分けて加える。

9 全体が均一になるように30回ほど大きく混ぜ合わせる。黄色みをおびたフロマージュ・ブランとイタリアンメレンゲの白い部分がしっかりと混ざり合うように。

成形

10 セルクル型に用意したガーゼを敷き込む。9の生地を70〜73gずつ入れ、中心にフランボワーズを1個いこむ。

11 全体を丸くととのえるようにして、ガーゼの口を輪ゴムでしっかりと縛る。

12 キッチンペーパーを3枚ほど重ねてバットに敷き、形をととのえながら11を並べる。ラップフィルムをかけて冷蔵庫で6時間以上冷やす。キッチンペーパーが適度な水分を吸収してくれるので、効率よく水きりできる。

13 充分に冷えて落ち着いたら、手で形を丸くととのえながらガーゼをはずす。

14 縛った部分を下にして皿に盛りつける。好みのソース(以下)を添える。

フランボワーズソース

材料

アンズジャム　15g
　つくり方は124ページ。または市販品
粉糖　10g
冷凍フランボワーズピュレ
　（ラビフリュイ）　50g

生クリームとともにシフォンケーキに添えたり、ヌガーグラッセや蒸し焼きガトーショコラ（73ページ）のソースなどに。加熱しないのでフルーツの香りがそのまま残る。冷蔵庫で7日間保存可能。

つくり方

1 アンズジャムをなめらかにすり混ぜ、粉糖の半量を入れてよく練って合わせる。アンズジャムのとろみが分離を防ぐ。

2 解凍したフランボワーズピュレを加えてゴムベラで練り混ぜる。残りの粉糖を加えたら、裏漉ししなくてすむようになめらかに混ぜ合わせる（ダマがあるようなら裏漉しする）。

はちみつバニラのソース

材料

ラベンダーのハチミツ（仏産）　50g
バニラビーンズ　1/4本
レモン汁　10g

つくり方

1 バニラビーンズをさやから出す。

2 ハチミツに1のバニラを加えてよく混ぜ、レモン汁を加えてでき上がり。レモンの酸味とバニラが互いに引き立て合う。

フィナンシエ *Financier*

このフィナンシエは、リッチなバターの香りとしっとりとした焼き上がりが身上。
バターの油っぽさを感じさせず、自然な軽さとあとを引くおいしさです。
2種類のバターを合わせてほどよく焦がすことで、味の深みとコクが格段にアップします。
ポイントは、生地をつくるときにとにかく「よく混ぜる」こと。
卵白と粉類を合わせたら120回、焦がしバターを加えてさらに100回以上混ぜます。
こうすると粉類とバターがなじんで空気を適度に含み、口あたりが軽くなるのです。
フィナンシエ型はやや深めのものを使い、たっぷりとバターを塗っておきましょう。
高温・短時間で焼き上げることで、外側は揚げ焼くような香ばしさが、
厚みの出た中心部にはしっとり感が生まれます。

材料
（8×5cm角の深めのフィナンシエ型15〜16個分）

無塩バター［発酵］　65g
無塩バター　65g
卵白　138g
水あめ　3g
- 薄力粉　57g
- アーモンドパウダー　57g
- グラニュー糖　140g

下準備
・薄力粉、アーモンドパウダー、グラニュー糖は別々にふるっておく。
・オーブンを予熱する（焼成温度210℃＋20〜40℃）。

食べごろ
・焼いた当日は焼きたて特有のカリッとした食感が、翌日からは全体がしっとりしてきます。
・保存するときは、個別包装して密閉します。室温で5日間、冷蔵庫で1週間〜10日間が保存期間の目安。食べるときは室温にもどします。

ポイント
・アーモンドパウダーは米カリフォルニア産キャーメル種を使用。香りが豊かでやさしい味わいが特徴です。
・バターは2種類（発酵と非発酵）を合わせて使い、バターのコクを出しながらアーモンドの風味を生かします。
・型にバターをたっぷり塗って揚げ焼くような食感とバターの豊かな香りをつけます。離型油ではこの風味は得られません。
・水あめは保湿性を高め、しっとりとした口あたりに仕上げます。
・写真右下の数個のように好みの型で焼いてもいいでしょう。型を変えるとまた違った食感が楽しめます。いずれにせよ、型にバターをしっかり塗るのをお忘れなく。

型の準備

1 型塗り用のバター（分量外）は室温にもどしておき、刷毛を使ってたっぷりとムラなく塗る。夏は塗り終わった型を冷蔵庫で冷やしておく。このバターが食べたときの最初の香りになるので、他の油脂ではなくバターをしっかりと塗る。

2 薄力粉、アーモンドパウダー、砂糖をそれぞれふるって紙の上で合わせる。これらを合わせてからふるうと焼成時に膨らみすぎてしまうので、別々にふるったものを使う前に合わせること。

焦がしバターをつくる

3 2種類のバターを鍋に入れて強火にかけ、バターをほどよく焦がす。途中で大きな泡が沸き上がってきたら、レードルで底から混ぜながら火を通す。横に氷水を入れたボウルを用意しておく。

4 レードルですくって落ちるバターの色を見る。細かい泡の一部に焦げができて、全体がキツネ色になればOK。すぐに横の氷水に鍋をつけて焦げが進むのを止める。

5 底にバター由来の細かい焦げ（乳しょう分）ができているのを確認する。そのままおくとバターが固まってしまうので、すぐに氷水からはずす。

生地をつくる

6 ボウルに卵白を入れ、60℃以下の湯せんに当てる。卵白を約40℃にしてなめらかにほぐす。少し泡立ててもよい。

7 中サイズのボウルに水あめを入れ、熱めの湯せんにかけてやわらかくする。長くおくと水あめの表面が乾いてしまうので、短時間の湯せんにかける。

8 水あめがゆるくなったら、6の卵白の一部を加えてよく混ぜて水あめを溶かす。これを6のボウルに戻して、サラサラになるまでムラなく混ぜ合わせる。

9 8に2の粉類を加えて泡立て器で120回ほど混ぜる。泡立て器を立てて持ち、底に当ててから側面をなぞるようにして1秒間でボウルを1周する速度でしっかり混ぜる。最初はやや重たいが、次第にサラリとした状態になる。

10 5の焦がしバターが温かいうちに、茶漉しを通して9に加える。バターが冷めていたら再度、50℃程度まで温めてから使うこと。

11 8と同様に100回ほど混ぜてよくなじませる。

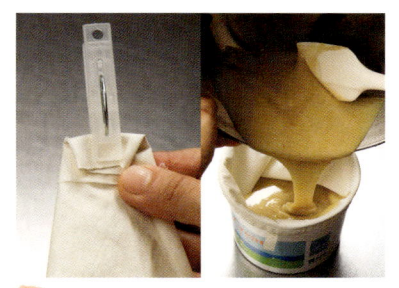

12 絞り出し袋の先を洗濯ばさみで止めて、11の生地を入れる。

焼成

13 1の型の8分目まで生地を絞り入れる。絞り袋がなければ、スプーンですくって落としてもいい。

14 210℃のオーブンで10分間、さらに200℃に下げて5分間焼く。上面はきっちりと焼き色がつき、縁に焦げ色が出てきたらオーブンから出す。型からはずして網にのせて冷ます。

マフィン *Muffin*

冷めても変わらないサクサクのクランブルと、生地のふんわり軽やかな口あたり。
これまでとは違う、マフィンの新しいおいしさを体感してください。
この生地は、最初にバターと卵を「しっかりと泡立て」て
生地に適度な空気を含ませ、粉を加えてからは「あっさりと混ぜて」仕上げます。
ベーキングパウダーが入り、牛乳もたっぷり加えるので、
気泡を生かす混ぜ方ではなく、あくまで混ぜる手数を少なくすることが肝心です。
混ぜすぎると生地にグルテンが出て、味も口あたりも悪くなるので注意しましょう。
また、このマフィンは生のフルーツ、ジャム類、サワークリームなど
水分の多いフィリングを加えると、水分を生地がキャッチして
逆にしっとりおいしく焼き上がります。フィリングや焼き型など
お好みでアレンジし、さまざまなバリエーションに挑戦してみてください。

りんご

豆いろいろ

バナナ×パイン

いちご×ホワイトチョコ

基本のマフィン
ミックスベリーとチョコレートのマフィン

材料
（直径底5.5×口径7×高さ3cmのマフィン型6個分）

マフィン生地
　無塩バター　62g
　A[ブラウンシュガー　67g
　　 グラニュー糖　17g]
　全卵　62g
　B[薄力粉　155g
　　 ベーキングパウダー　4g]
　牛乳　62g
フィリング
　好みのクーベルチュール　40g
　カシス（冷凍）
　ブルーベリー（冷凍）
　ラズベリー（冷凍）
　　計80g＋適量（トッピング用）
　クランブル（右ページ）　90g

生地

クランブルとフィリング

下準備

- Ⓐ、Ⓑはそれぞれ合わせてふるう。

- バターは厚さを均一にしてラップフィルムで包み、室温（20℃前後）にする。厚さを均一にすることで温度のムラをなくし、スムースに作業ができる。

- クーベルチュールは電子レンジに短時間かけて切りやすい温度にし、6mm角にカットする。

- マフィン型にマフィンカップを入れる。

- オーブンを予熱する。（焼成温度180℃＋20〜40℃）

🍴食べごろ🍴

- つくりたてが食べごろです。

- つくった翌日までおいしく食べられますが、オーブンで温め直すとふんわりした食感がもどります。

- やや風味は落ちますが冷凍保存も可能。

●作業の流れ

バターと砂糖をなじませる
↓
バターを泡立てる
↓
バターに卵を加えて泡立てる
↓
粉と牛乳を加えて混ぜる　混ぜ方C
↓
フィリングを混ぜる　混ぜ方C
↓
クランブルをのせて焼く

ポイント

- バターを泡立て、卵を加えてさらに気泡を抱き込ませることで、ふんわりと軽い口あたりの生地になります。

- バターを泡立てるときは、できるだけ品温を一定に保つようにします。夏は生地がダレたらボウルごと氷水に当てたり、逆に冬にバターが固いときは温かい蒸しタオルなどを当てるなどして温度管理をします。

- 生地の混ぜ終わりは、粉が残って見えるくらいでちょうどよい。フィリングを完全に混ぜ終えた段階で、混ざり終えていればOKです。

- サクサクした食感を与えるクランブルは冷凍保存も可能。多めにつくっておくと便利です。リンゴにのせて焼くなど手軽なスイーツに応用できます。

- フルーツを加えて（その水分から）生地にしっとり感を出しています。またブラウンシュガーとグラニュー糖を合わせて、ほどよいコクと甘さに仕上げました。

- フィリング・トッピング用の冷凍フルーツはラビフリュイ社、クーベルチュールはカカオバリー社製です。

クランブル

材料(でき上がり約320g)

無塩バター[発酵]　80g

Ⓒ ┌ 薄力粉　90g
　│ アーモンドパウダー　90g
　│ グラニュー糖　67g
　└ 塩　ひとつまみ

1 バターは1cm角に切り、冷蔵庫で冷やしておく。

2 ボウルにⒸのすべての材料を入れ、混ぜ合わせる。

3 2に1のバターを加え、粉を全体にまぶす。先にバターに粉をまぶしておくと、手にバターがつかず、作業しやすい。

4 バターを指で約半分につぶす。バターが溶けないうちに素早くする。

5 バターを半分、そのまた半分……と指でつぶしながら粉と混ぜなじませて、そぼろ状にしていく。

6 粉チーズのような状態になってくる。大きなバターのかたまりがなければOK。ビニール袋に入れて冷凍庫に保存し、使う分だけ出す。

※クランブルには黒ゴマ、ココナッツファイン、シナモンパウダー、粗くきざんだナッツなどを加えてもおいしい。

マフィン生地をつくる

1 室温にもどしたバターをボウルに入れる。指が入るくらいのやわらかさが目安。

2 1にふるったⒶを入れ、ゴムベラで押しつけるようにしてバターとなじませる。全体が混ざったらOK。

3 ハンドミキサーの高速で3分間、ふわっとした状態になるまで泡立てる。ミキサーの羽根をボウルの側面に当てながら大きく円を描くようにスピーディーに回転させ、ボウルはときどき逆方向に回す。

4 溶いた卵を3回に分けて加える。1/3量ずつ加えながら、そのつどハンドミキサーで1分半ほど泡立てる。卵の温度は夏は低め(16〜18℃)、冬は高め(20〜23℃)に用意する。

5 空気を含みふんわりとした状態に。ボウルの底にハンドミキサーのあとが筋になって残るのが理想。でき上がった生地の温度は18〜20℃にする。

6 ふるったⒷの粉類と牛乳を交互に加えていく。まず粉類の1/3量を加えてゴムベラでボウルの直径を通るように大きく底から返し、ゆっくりと15回混ぜる。これ以降、混ぜ方C(13ページ)の「バターケーキ混ぜ」。

7 粉が残っている状態で、牛乳の半量を加え、同じ要領で8回混ぜる。全体が混ざりきらないところで残りの粉の半量を加えて15回混ぜ、残りの牛乳を加えて8回混ぜる。混ぜる回数は目安だが、きちんと数えながら作業し、つねに生地の状態をチェックする。

8 最後の粉を入れたら12〜15回、あと少しで粉けが消える程度まで混ぜる。

9 混ぜ終わり。少し粉けが残っているくらいでちょうどよい。フィリングを混ぜ合わせるため、粉けを残すくらいの感覚で。

フィリングを混ぜる

10 フィリングを加える。カシス、ブルーベリー、ラズベリーは水けが出ないよう、冷凍のまま加える。

11 ゴムベラで6回ほど、ボウルの側面をはらいながら混ぜる。混ぜ方C。混ぜ終わりに粉けがなくなるのが理想。混ぜすぎるとふんわり感がなくなってしまう。

型に入れてトッピング

12 マフィンカップを敷いた型に分け入れる。スプーンで生地をたっぷり(約90g)とり、スプーンの底を人差し指でしっかりなぞるように素早くカップに入れる。

13 用意したクランブルは一度手でにぎり固め、粗めにほぐしながらのせる。1個当たり15gが目安。

14 トッピング用のフルーツを表面に埋め込むようにして飾る。

焼成

15 180℃のオーブンで約25分間焼く。膨らんできた割れ目にもうっすらと焼き色がついてきたら焼き上がりの目安。焼けたら型からとり出し、粗熱をとる。

マフィンのバリエーション

りんご

シナモンを効かせた焼きリンゴ風。
リンゴは紅玉がおすすめ

材料（直径底5.5cmのマフィン型6個分）

マフィン生地
　30ページの生地と同量
フィリング
　リンゴ
　　120g＋1個分（トッピング用）
シナモン風味のクランブル
　クランブル（31ページ）　60g
　シナモンパウダー　小さじ1

※1個分の分量は、マフィン生地70g、フィリング20g＋1/6個分（トッピング。12等分したものを2つ）、クランブル10g。

1 リンゴは皮をむき、フィリング用は1cm角にカットする。トッピング用は縦に4等分してそれぞれ横3等分にし、包丁で筋目を入れる。

2 クランブルにシナモンパウダーをもみ込んで混ぜる。

3 31ページの手順1〜9と同様にマフィン生地をつくる。生地にフィリングのリンゴを加えて大きく混ぜ、型に分け入れる。トッピングのリンゴとシナモン風味のクランブルをのせる。

4 180℃のオーブンで約25分間焼く。

豆いろいろ

3種の豆とクランブルで自在にアレンジ。
和素材でどこか懐かしい味わい

写真手前から、
黒豆＋きな粉、
ヒヨコマメ＋黒ゴマ、
アズキ＋黒ゴマ。

材料（直径底5.5cmのマフィン型6個分）

マフィン生地
　30ページの生地と同量だが、（フルーツなどの水分がないため）牛乳のみ62gを70gに増やす。

フィリング
　豆の甘煮（黒豆、ヒヨコマメ、アズキ）
　　つくり方は123ページ
　　各30〜40g＋適量（トッピング用）

［クランブル（31ページ）　80g
　黒ゴマ　8g］

［クランブル（同上）　40g
　きな粉　4g］

※左記フィリングの材料は各2個つくる分量。
クランブルの黒ゴマは4個分、きな粉は2個分。
1個分は、
マフィン生地71g、
フィリング
　20g＋適量（トッピング）、
クランブル20g。

1　31ページの手順1〜9と同様にマフィン生地をつくる。生地を3等分（各142gずつ）にし、それぞれに豆の甘煮（黒豆、ヒヨコマメ、アズキ）を加え混ぜる。

2　クランブルに、煎ったゴマやきな粉をそれぞれもみ込む。

3　それぞれの生地をマフィン型に入れ、好みのクランブルをのせる。適宜トッピングの豆も飾る。

4　180℃のオーブンで約25分間焼く。

🍊 バナナ×パイン

スクエア型で焼いたココナッツ風味。
トロピカルな風味が魅力

材料（19.5cm角のスクエア型1台分）

マフィン生地
　30ページの生地と同量
フィリング
　バナナ　90g+90g（トッピング用）
　パイナップル
　　90g+90g（トッピング用）
ココナッツ風味のクランブル
　クランブル（31ページ）　100g
　ココナッツファイン　15g

1. フィリング用のバナナとパイナップルは1cm角に、トッピング用はバナナを5mm厚さのスライス、パイナップルは1cm角にカットする。
2. クランブルにココナッツファインを混ぜ込む。
3. 31ページの手順1～9と同様にマフィン生地をつくる。マフィン生地に、フィリングのバナナとパイナップルを加えて大きく混ぜる。オーブンペーパーを敷き込んだ型に生地を入れ、ゴムベラで表面をたいらにならす。
4. トッピングのバナナとパイナップルをのせ、すき間にココナッツ風味のクランブルを手でちぎりながらのせる。
5. 180℃のオーブンで45～50分間焼く。

🍊 いちご×ホワイトチョコ

パウンド型で焼いたミルキー・イチゴ。
イチゴとホワイトチョコがベストマッチ

材料
（20×11×高さ7.5cmのパウンド型1台分）

マフィン生地
　30ページの生地と同量
フィリング
　イチゴ　80g+10粒（トッピング用）
　ホワイトチョコレート（ペック社）
　　42g

クランブル（31ページ）　80～100g

1. イチゴは1粒を、フィリング用は1/4に、トッピング用は1/2にカットする。ホワイトチョコレートは粗くきざむ。
2. 31ページの手順1～9と同様にマフィン生地をつくる。生地にフィリングのイチゴとホワイトチョコレートを混ぜる。オーブンペーパーを敷き込んだ型に入れ、ゴムベラで表面をたいらにならす。
3. クランブルをちぎってのせ、トッピングのイチゴをすき間に飾る。
4. 180℃のオーブンで45～50分間焼く。

パウンドケーキ *Quatre-quarts*

ふんわりと軽く、しっとりやわらかな口どけのパウンドケーキをご紹介しましょう。
バターと砂糖をすり混ぜ、そこに全卵を加えていくシュガーバッタ法というつくり方ですが
「卵と粉の混ぜ方」が一般的なレシピと異なります。バターと砂糖だけで5分間以上、
卵を加えてさらに8分間以上も泡立てて、粉を加えてからは80回以上混ぜ込みます。
バターと砂糖と卵で細かい気泡をつくり、粉を加えて気泡を支える「柱」をつくるイメージです。
これだけ混ぜるので、生地に負担をかけないように混ぜ方も重要になってきます。
また、一般的なパウンドケーキの配合は4同割(バター、砂糖、卵、粉がすべて同量)ですが、
ここでは卵のみ85％に減らしました。これによって膨らみすぎて
焼成後に生地が落ち込むのを防ぎ、また生地段階での卵の分離もなくなります。
混ぜ方のコツさえつかめば、しっとりきめ細かい感動のパウンドケーキができ上がります。
焼き菓子の奥深さをぜひ体感してください。

抹茶　　オレンジ　　スパイス

基本のパウンドケーキ
バニラのパウンドケーキ

材料
（8×14cm×高さ6cmのパウンド型2台分）

生地
　無塩バター［発酵］　130g
　グラニュー糖　130g
　バニラビーンズ　1/4本
　全卵　110g
　┌ 薄力粉　130g
　└ ベーキングパウダー　1g
シロップ
　水　50g
　グラニュー糖　10g
　バニラのさや（上記で使った残り）

下準備

・バターは厚さを均一にしてラップフィルムで包み、室温（20℃前後）にもどす。

・下図のように、切り込みを入れたロール紙を用意する。紙は型と同じ高さになるように。

・型は長さ14cmの特注パウンド型（問い合わせ先 ㈲ピエス☎045-775-1818、またはオーブンミトンまで）を使用。

・バニラビーンズはさやから出しておく。

・薄力粉とベーキングパウダーを合わせてふるう。

・オーブンを予熱する。（焼成温度180℃＋20〜40℃）

🍴 作業の流れ

バターと砂糖をなじませる
↓
バターを泡立てる
↓
バターに卵を加えて泡立てる
↓
粉を加えて混ぜる 混ぜ方C
↓
焼く

🍴 食べごろ

・焼き上がった当日〜1週間以内がおいしく食べられます。冷蔵庫で保管し、食べるときに室温にもどすとおいしい。

ポイント

・バターは発酵バターがおいしい。非発酵のものとは味わいに大きく差が出ます。

・バターの温度は、泡立てたときの気泡の形成など、生地の仕上がりを左右するので、作業中（ボール内）は20℃前後を意識します。温度が低すぎると泡立ちが悪く、高すぎると生地がダレます。

・「よく泡立てて、よく混ぜる」がポイント。生地の気泡づくりと混ぜ方ができ上がりに大きく影響するので、詳細はプロセスで解説します。

・シロップを打つのは保湿のため。しっとり感を保つため、ロール紙は食べる直前まで取らずにおきます。

生地をつくる

1 バターを室温にもどす。指で押してみて、スッと入るやわらかさが目安。バターは21℃くらいがもっともよく泡立つので、夏は低め（18〜19℃）、冬は高め（21〜22℃）の温度から泡立てはじめるとよい。

2 ボウルにバターを入れ、砂糖、バニラビーンズを加えて全体がなじむまでゴムベラで押しつけるようにすり混ぜる。

3 ハンドミキサーに持ち替え、高速で5分間泡立てる。ミキサーの羽根をボウルの側面に当てながら、1秒間に2周のペースで円を描くように大きく回す。

4 次第に抵抗がなくなり、白くふんわりとしたバタークリーム状になる。5分間で写真のように泡立った状態にならないときは、バターの温度が低すぎるか、ミキサーの回転速度が遅い可能性がある。温めたタオルなどをボウルに当てたり、長めに泡立てて調整する。

5 室温にもどして溶いた卵を4回に分けて加え、そのつど2分〜2分30秒ずつ高速で泡立てる。ミキサーの回し方は4と同じ、大きく回しながらしっかりと乳化させる。この段階で、きめ細かいスポンジのもとになる細かい気泡をたくさんつくる。

6 卵は1/4分量ずつ加えるごとに、しっかりと空気を含ませてから次の卵を加える。写真左は1回目の卵を加えて混ぜ終わった状態。ここまで混ぜてから次の卵を加える。室温に応じて卵の温度を調節する。夏は17〜19℃、冬は23〜26℃くらい。

7 2分間ずつ高速で泡立てていくと、バター生地のかさが増え、ふんわりとやわらかくなってくる。

8 混ぜ終わりは、ボウルの底が見え、かさが倍以上になり、なめらかでつやが出てくる。ほぼ分離せず、ふわっとしたクリーム状に。液状に近くなっていたら、一度ボウルを氷水に当てて温度を下げ、氷水をはずしてから泡立ててクリーム状にする。

9 粉を加える前にヘラの動かし方を確認。ここから混ぜ方C（13ページ）「バターケーキ混ぜ」。時計の2時の位置にヘラを入れ、8時の位置まで動かしてから生地をのせた状態で持ち上げ、中央でヘラを返して生地を落とす。写真は落とした生地をすくっているところ。

10 粉類をふるいながら一度に加え、ゴムベラの面で大きく混ぜる。まずボウルの右上、時計の2時の位置にヘラを入れ、左手は9時の位置でボウルを持つ。

11 そのままヘラのエッジがボウルの底に垂直に当たりながら、ボウルの直径を通るようにして8時の位置まで動かし、生地をたっぷりのせた状態で縁の近くまで持ち上げる。側面をなぞるときに左手を反時計回りに7時の位置までボウルを回す。

12 すぐにヘラを返さず、すくった生地を中心にもっていき、そこで手首を返して落とす。再び10に戻る。1回混ぜるごとに生地をボウルの中心にそっと落とし、次にその生地をヘラ面で押すように混ぜる。

13 35回ほどで粉けがなくなってくるが、同様の混ぜ方で続けて45回ほどの混ぜる(計80回)。10秒間に6〜8回くらいのスピードで。ボウルの側面までヘラを密着させ、生地をたっぷりすくう。

14 混ぜていくときれいな花形の筋ができる。混ぜ方が悪いと粉のグルテンが出て、風味と食感が悪くなるので注意する。

15 合計80〜85回混ぜ終わったところ。全体がつややかな状態になる。混ぜ方が足りないと焼いたときに生地が陥没してしまうこともある。

型に入れる

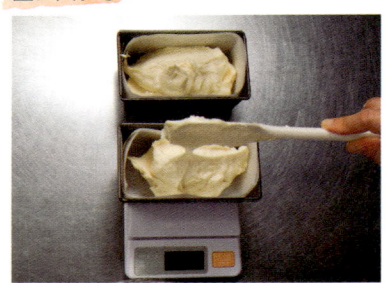

16 2つの型に分け入れる。ゴムベラにへばりついた固い生地のかたまりは食感が悪くなるので入れないこと。

17 ゴムベラで真ん中をへこませ、四隅にも生地を入れて両端を高くするようにととのえる。型をトントンと軽く落として余分な空気を抜く。

焼成

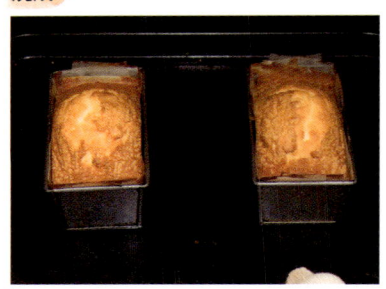

18 180℃のオーブンで約33分間焼く。26分が経った時点で奥と手前を入れ替える。表面が膨らんで割れた部分にうっすらと焼き色がついたら焼き上がりの目安。

仕上げ

19　生地を焼く間にシロップをつくる。材料を小鍋に入れて火にかけ、ゴムベラでバニラのさやを鍋底に押しつけるようにして煮る。沸騰したら弱火にし、36ccになるまで煮詰め、火からおろす。

20　生地が焼き上がったら、型からはずし、熱いうちにシロップを刷毛にたっぷりと含ませ、上面にのみ全量打つ。四隅の色濃く焼けた部分はとくにたっぷりと。乾燥を防ぐため、敷き紙ははがさない。

パウンドケーキのバリエーション

🍂 スパイスのパウンドケーキ

エキゾチックなスパイス風味。
余韻を楽しむ大人のスイーツ。

生地
（8×14cm×高さ6cmのパウンド型2台分）

無塩バター［発酵］　130g
グラニュー糖　130g
全卵　110g
薄力粉　122g
ベーキングパウダー　1g
ミックススパイス（123ページ）　6g
シロップ
　水　24g
　グラニュー糖　8g
　ミックススパイス　小さじ1/4

ポイント

・焼成までの基本的な手順は基本の生地と同じ。混ぜる回数は95～100回。少し多めに混ぜ、よりきめ細やかな生地に。

・シロップは水とグラニュー糖を小鍋に合わせ、ひと煮立ちさせて火を止める。粗熱がとれたらスパイスを加える。

1　生地は、基本の生地（39ページ）1～15と同様につくる。合計95～100回混ぜたら、生地にミックススパイスを振り入れ、大きく5～7回、マーブル状になるようざっくり混ぜる。

2　焼成は180℃のオーブンで約33分間。焼き上がったら、基本の生地と同様に敷き紙をつけたまま上面のみにスパイス風味のシロップを打つ。

🍊 オレンジのパウンドケーキ

オレンジピールを生地に加えて風味よく。
洋酒入りシロップをたっぷりと含ませて
香りと保存性をアップ

生地
（8×14cm×高さ6cmのパウンド型2台分）

- 無塩バター［発酵］　130g
- グラニュー糖　130g
- 全卵　110g
- ┌ 薄力粉　130g
- └ ベーキングパウダー　1g
- オレンジの表皮　2/3個分
- オレンジピール（1/4サイズ）　80g
- シロップ
  - 水　45g
  - グラニュー糖　15g
  - グランマルニエ酒　40g

ポイント

- 焼成までの基本的な手順は基本の生地と同じ。混ぜる回数は100～120回。具材を加えるので、生地の「柱」をよりしっかりさせてるために多めに混ぜます。

- シロップは水とグラニュー糖を小鍋に合わせ、ひと煮立ちさせたらすぐに火を止めて冷まし、グランマルニエ酒を加えてでき上がり。

- 焼き上がった当日～3週間以内がおいしく食べられます。

1　オレンジの表皮はすりおろし、オレンジピールは洗って水けをふき、5～6mm角にカットする。

2　生地は、基本の生地（39ページ）1～9と同様につくる。粉を加える前にオレンジの表皮を加え、ゴムベラで混ぜる。全体にまんべんなく混ざればOK。

3　粉類を加えたら、基本の生地10～15と同じ要領で合計100～120回混ぜる。写真は混ぜ終えた状態。

4　混ぜ終えたらオレンジピールを加え、5～10回ほど混ぜる。全体にまんべんなく混ざればOK。

5　焼成は180℃のオーブンで約35分間。焼き上がったら敷き紙をすべてはずし、シロップを全面に打つ。上面→倒して長いほうの側面→底→短い側面、の順。

🍊 抹茶のパウンドケーキ

豊かな抹茶の香りと美しい色あいが魅力。
表面にも抹茶入りシロップを打って
さらに香り高く

生地
（8×14cm×高さ6cmのパウンド型2台分）

無塩バター［発酵］　130g
グラニュー糖　130g
全卵　110g
　抹茶　7g強
　薄力粉　120g
　ベーキングパウダー　1g
シロップ
　水　24g
　グラニュー糖　8g
　抹茶　小さじ1/4

ポイント

・抹茶は製菓用でなく、お薄用の飲んでおいしいものを使うと味と香りが違います。

・焼成までの基本的な手順は基本の生地と同じ。混ぜる回数は95〜100回。少し多めの回数を混ぜ、よりきめ細やかな生地に仕上げます。

・シロップは材料をすべて小鍋に合わせ、ひと煮立ちさせてでき上がり。

1　それぞれにふるった抹茶、薄力粉、ベーキングパウダーをもう一度ふるうか、ビニール袋に入れて振り、均一に混ぜる。抹茶はメーカーや種類で味が違うので好みで量の調節を。

2　生地は、基本の生地（39ページ）1〜9と同様につくり、粉類をふるいながら加える。

3　粉類を加えたら、10〜15と同じ要領で合計95〜100回混ぜる。写真は混ぜ終えた状態。

4　焼成は180℃のオーブンで約33分間。焼き上がったら、基本の生地と同様に敷き紙をつけたまま上面のみに抹茶入りのシロップを打つ。

シフォンケーキ *Chiffon cake*

数あるレパートリーの中でも、とりわけお客さまに「おいしい！」と喜ばれるのが
このシフォンケーキです。ふわふわとただ軽いだけでなく、卵のやさしい風味と、
今でにない食べ心地のよさが感じられると思います。
このシフォンケーキは、一般的なレシピに比べて卵白の割合が少なく、
メレンゲに加える砂糖も1/3以下とかなり少なめ。
この軽いメレンゲが生地そのもののおいしさをつくり、口どけのよさを生む秘訣です。
分離しにくいように最初に卵白を少し凍らせておき、
よく泡立てて軽くて「かさ」のあるメレンゲをつくります。
砂糖の少ないメレンゲは気泡がつぶれやすいので、混ぜ込むには技術が必要です。
生地をつくりはじめたら休まず一気に作業を行ない、
生地の温度や混ぜ方にも気を配ってください。
アレンジする場合は、生地全体に味や風味をはっきりとつけられる素材を選び、
メレンゲの配合はそのままで、それ以外を調整しながら好みの味を探してみてください。

バナナ　　　**春菊＋ゴマ**　　　**ジンジャー＋チョコレート**

基本のシフォンケーキ
バニラシフォン

材料（直径17cmのシフォン型1台分）

卵黄　45g
バニラビーンズ　1/8本
グラニュー糖　48g
サラダ油（キャノーラ油）　28g
湯（50〜80℃）　48g
⎡ 薄力粉　65g
⎣ ベーキングパウダー　2g
⎡ 卵白　90g
｜ レモン汁　小さじ1/4強
⎣ グラニュー糖　28g

下準備

・卵は卵黄と卵白に分けて、卵白は冷凍庫に入れて一部が凍りはじめた状態にする（写真下）。
・バニラビーンズはさやから出しておく。
・薄力粉とベーキングパウダーを合わせてふるう。
・オーブンを予熱する（焼成温度180℃＋20〜40℃）。

食べごろ

・当日が一番やわらかくて食べごろです。
・翌々日までおいしく食べられます。型ごとラップフィルムで包み、ビニール袋で密封して冷蔵保存すれば2〜3日は風味が保てます。

作業の流れ

卵黄と砂糖をすり混ぜる
↓
油と湯、粉を加えて混ぜる
↓
卵白に砂糖を加えて泡立てる
↓
卵黄生地とメレンゲを混ぜる
混ぜ方D
↓
焼く

ポイント

・サラダ油はクセのないキャノーラ油を使用しています。
・一般的なシフォン生地に比べて卵黄の割合が多いため、卵の風味、黄色みが強い仕上がりになります。
・かさのある、しっかりとしたメレンゲが最大のポイント。メレンゲを泡立てはじめたら手を止めずに一気に仕上げ、卵黄生地とメレンゲはできるだけ手早く混ぜ合わせます。ゴムベラの使い方をマスターすることが肝要です。
・砂糖が少ないメレンゲはやや不安定になるので、卵白は半冷凍し、3℃以下の状態から泡立てはじめます。ただし、卵白は長く冷凍すると味わいが平板になるので、完全に凍ったものは使わないようにします。さらに気泡を安定させるために少量のレモン汁を加えます。
・焼き上がりの切り口を見ると、生地に不均一な気泡が入っていることがわかります。これが食べたときの絶妙の軽さと口どけを生みます。

シフォン生地をつくる

1 中ボウルに卵黄を溶きほぐし、バニラビーンズを加えて混ぜ合わせる。

2 砂糖を加えて泡立て器で軽くすり混ぜる。卵の風味が失われるので、白っぽくなるほどは混ぜない。

3 サラダ油に湯（50℃以上）を合わせてさっと混ぜ、2に加え混ぜる。

4 全体を混ぜ合わせ、砂糖が溶けたら混ぜ終わり。

5 ふるった薄力粉とベーキングパウダーを4に一度に加え、泡立て器を立てて大きくぐるぐると回し、手早く混ぜる。

6 粉気がなくなれば混ぜ終わり。混ぜすぎると卵黄の風味がうすくなり、粘りも出てくるのでさっと混ぜ合わせる。

メレンゲをつくる

7 一部が凍り始めた状態の卵白に、レモン汁と砂糖のうちから小さじ1程度を加える。レモン汁を加えるのはアルカリ性の卵白を酸性に傾け、気泡を安定させるのが目的。市販のビン入りレモン果汁でもOK。卵白は凍りすぎていたら少しおいてほぐしてから使う。

8 ハンドミキサーを高速にして、羽根をぐるぐると大きく回しながら3分半〜5分間泡立てる。ハンドミキサーの羽根がボウルの側面にすべてあたり、カタカタと音がする状態で1秒間に2周する速度で回す。ミキサーを止めると分離がすすむので、はじめたら一気に泡立てる。

9 卵白の泡がしっかりと固く立ち、分離直前の状態になったら、砂糖の残りから半量を加え、さらに45秒〜1分間泡立てる。ハンドミキサーはつねにボウルの側面に羽根が当たっているように回す。中心だけを泡立て、周囲に卵白が残ったままだと分離しやすくなる。

生地を仕上げる

10 残りの砂糖を加え、さらに45秒〜1分間泡立てる。最後の30秒間は、そのつど左手でボウルを反時計回りに回しながら、ミキサーを前後に往復させるように動かし、全体をもこもことした状態の泡にする。ミキサーを前後に動かすことでメレンゲに強度が出る。

11 泡立て終了。つやがあり、しっかりしたメレンゲのでき上がり。分離する一歩手前のギリギリの状態まで泡立てて、しっかりした泡をつくる。泡立てすぎるとぼそぼそと分離するので注意。ここまではメレンゲが冷たい状態で行なう。夏場などは9で氷水を当てて泡立ててもよい。

12 6のボウルに11のメレンゲから1/4量をとって加え、泡立て器で混ぜ合わせてなじませ、なめらかになったら11のボウルにもどす。

13 ゴムベラに持ち替え、ボウルの中心にヘラを入れて左斜め下のボウルのカーブした部分に当てる。そのままメレンゲの中で5cmほど上に持ち上げ、中心に戻す。これを連続させて手早く混ぜる。混ぜ方D（14ページ）の「シフォンケーキ混ぜ」。1秒間に3回くらいの速さで混ぜる。

14 ゴムベラの先端で縦にだ円を描くように混ぜ、円をひとつ描くごとに左手はボウルを反時計回りに60度回転させる。35〜45回混ぜ、メレンゲの白い部分が見えなくなれば終了。それ以上は混ぜない。途中でゆっくり混ぜたり止まったりするとメレンゲに固まりができやすい。

15 ふんわりとつやのある生地の完成。ゴムベラにのせて逆さにしてもすぐには落ちない。カードに持ち替えて生地をすくってシフォン型に入れる。ボウルの中心から外に向かって大きく生地をすくう。

型に入れる

16 型に入れるときはカードの横を下にして、縦に生地を滑らせるようにして型に落とす。入れた生地の端に次の生地が重なるように型を回しながら入れていく。

17 型の7〜8分めまで生地を入れ、ぐるぐると型ごと素早く回して表面をならす。

焼成

18 180℃のオーブンで約25分間焼く。一度、高く盛り上がってくるが最高に膨らんだ状態から3〜5分間ほど経つと少し沈んでくる。割れ目にも焼き色がついてきたら焼き上がりの目安。

19. 焼き上がったら静かにオーブンから取り出す。すぐに型ごとひっくり返しておき完全に冷ます。生地が冷めたら、生地の膨らんだ部分をはがすように手で軽く型の内側に押し込む。

20. パレットナイフを型の側面に4～5回に分けて差し込み、添わせながら1周させる。側面にナイフを入れたとき、途中で引っかかりを感じたらいったんナイフを引き抜き、もう一度やり直す。そのまま強引にナイフを動かすと大きく生地を傷つける。最初に側面をはずしたら、続いて底板と生地の間にもナイフを差し込み、型を回しながら1周する。中心部にもナイフを垂直に5回ほど差し込み、すべてはずす。

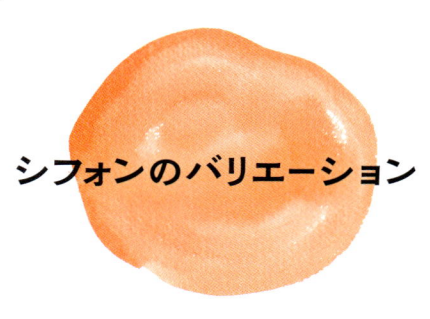

シフォンのバリエーション

バナナ

粗くつぶしたバナナのしっとりした食感と、甘い香りが生地の味わいとマッチ

材料
（直径17cmのシフォン型1台分）

卵黄　45g
グラニュー糖　38g
サラダ油　28g
湯　40g

薄力粉　65g
ベーキングパウダー　2g

卵白　90g
レモン汁　小さじ1/4強
グラニュー糖　28g

バナナ　94g
レモン汁　6g

ポイント
・バナナの水分が加わるので、湯は基本の生地より減らす。
・果物はミキサーでピューレにすると生地に大きな空洞ができるのでNG。
・バナナに加えるレモン汁はフレッシュのものを使う。

1. バナナは完熟しすぎたものは避ける。水けが出ないように縦横につぶす。
2. 色止めと味を引き締めるためにレモン汁をふる。
3. 基本のシフォン生地（47ページ）1～6まで同様につくり、粉を混ぜたあとで1のバナナを加える。ゴムベラで混ぜ、あとは基本の生地7以降と同様に。

春菊＋ゴマ

よもぎまんじゅうをイメージした春菊と、ゴマの香ばしさが新鮮。軽食にも向く

材料(直径17cmのシフォン型1台分)

卵黄　45g
グラニュー糖　28g
サラダ油　28g
牛乳(約50℃)　48g
　薄力粉　65g
　ベーキングパウダー　2g
　卵白　90g
　レモン汁　小さじ1/4強
　グラニュー糖　28g
塩　ひとつまみ
ゴマ(香ばしく煎る)　20g
シュンギク(ゆででみじん切り)　70g

ポイント

・味をまろやかにし、シュンギクの青臭みを消すために牛乳を使用。
・砂糖を減らし、塩を加えて味にメリハリをつけ、シュンギクの味を引き立てる。
・ゴマは洗いゴマを煎ってから使うと香ばしさとプチプチとした食感が楽しめる。

1　ゴマはキツネ色になるまで煎り、冷めたらすり鉢で半ずりにする。シュンギクはゆでて粗いみじん切りに。

2　基本のシフォン生地(47ページ)1〜6まで同様につくり、粉を混ぜたあとでシュンギクとゴマを加える。

3　ゴムベラで大きく混ぜ、あとは基本の生地7以降と同様に。

ジンジャー＋チョコレート

オレンジピールと粒を残した
チョコレートがアクセント。大人の味わいに

材料
（直径17cmのシフォン型1台分）

卵黄　45g
グラニュー糖　38g
サラダ油　28g
- 湯　30g
- ショウガの搾り汁　18g
- 薄力粉　65g
- ベーキングパウダー　2g
- 卵白　90g
- レモン汁　小さじ1/4強
- グラニュー糖　28g

オレンジピール（約5mm角）　25g
クーベルチュール
（5〜7mm角にきざむ）　45g

ポイント

- ショウガ汁と湯を合わせて48gになるように調節する。

- クーベルチュールのスイートタイプを使用。温かい卵黄生地に加えると溶けることがあるので最後に加える。

- メレンゲを混ぜたあとに具材を加えると生地が壊れやすいので、8割がた混ぜたところで加え、混ぜすぎないように注意する。

1. 湯にショウガの搾り汁を加えておく。基本のシフォン生地（47ページ）に加え、1〜6まで同様につくる。粉を混ぜたあとで、オレンジピールを加え混ぜる。

2. 7〜13まで同様につくり、メレンゲを8割がた混ぜ終わったところで、きざんだチョコレートを加える。

3. 下からすくい上げるようにざっと混ぜ、すぐ型に入れる。あとは基本の生地14以降と同様につくる。

フルーツのタルト *Tarte aux fruits*

季節の果物に生クリームと卵のフラン種を合わせた、フレッシュな味わいのタルトです。
フラン種のように液状のアパレイユを使う場合、前もってパート・ブリゼ生地を焼いておく
「空焼き」の方法をとります。後から加える果物とアパレイユの焼き時間が短くてすむため、
フランのなめらかな口どけとジューシーな果物の味わいが際立ちます。
このパート・ブリゼ生地を型に敷き込む際は、途中で生地をつぎ足すと
焼き上がったときにひびが入るので、ひとつの生地のかたまりを1回でのばすようにします。
そのとき「○gの生地を△cm角にのばす」というように、
生地の量に対して一定のサイズを目安に作業するほうが、スピーディーかつ
毎回同じ厚さに仕上げることができます。果物の甘さ、酸味、水分、やわらかさに応じて、
フラン種の生クリームや卵、砂糖の量などを調節し、季節のフルーツを存分に味わってください。

ルバーブ

ブルーベリー

マンゴー

基本のタルト
アメリカンチェリーのタルト

材料(直径16cmのタルト型1台分)

パート・ブリゼ(約2台分)
　卵黄　6g
　水　27g
　グラニュー糖　3g
　塩　1.5g
　無塩バター[発酵]　105g
　薄力粉　158g

アパレイユ
　全卵　45g
　グラニュー糖　28g
　生クリーム　73g

アメリカンチェリー　160〜170g

下準備

・パート・ブリゼは、焼く前日までに生地をつくり、冷蔵庫で最低一晩ねかせてから使う。

・バターは室温(20℃前後)にもどしておく。

・アメリカンチェリーは洗って水けをよくふきとり、種を除く(57ページ)。

・タルト型は底がはずれるタイプが使いやすい。

・オーブンペーパーを直径17cmの円形に切り、周囲は2cm間隔で2cmの切り込みを入れる。

・オーブンを予熱する。空焼きのときは、焼成温度200〜210℃＋20〜40℃、アパレイユを入れて焼くときは、焼成温度180℃＋20〜40℃。

🍴食べごろ🍴

・仕上げた当日が食べごろ。翌日以降は離水してしまうので、味が落ちます。

ポイント

・タルト生地だけ先に焼き、後から果物やアパレイユを流す、2度焼きタイプのタルトです。果物に火が入りすぎないので、ほどよいフレッシュ感が楽しめます。

・パート・ブリゼ生地は型に敷いた状態で冷凍庫で2週間保存可能です。

・空焼きタイプの生地は、穴が開いたりひびが入るとアパレイユが外にもれ、底からはずれなくなったり、生地が湿って食感が悪くなることも。空焼き後、穴やひび割れが見つかったら57ページの要領で必ず生地を補修します。

・このパート・ブリゼ生地は、サクッとした食感で甘くなく、パイ生地にも似た適度な層ができるので、キッシュや野菜のタルト(117ページ)にも使えます。

パート・ブリゼをつくる

1 小ボウルに卵黄と水を入れてよく混ぜ、砂糖、塩を加えてよく混ぜ溶かす。卵黄にいきなり砂糖や塩を入れると粒状に固まるので、先に卵黄に水を加える。砂糖が溶けたら冷蔵庫で冷やしておく。

2 別のボウルに室温にもどしたバターを入れて、ヘラで練り混ぜる。全体が均一のやわらかさになればOK。やわらかくしすぎないこと。

3 2にふるった薄力粉を一度に加え、練らないようにヘラのエッジ(カーブした部分)を立てて切り込むように混ぜる。右斜め上から左下に向かって、上から下へ平行に7〜8回ヘラを動かす。ボウルを90度回転させて同様に10回ほどくり返す。ヘラの面で混ぜない。

4 薄力粉とバターがなじんできたら、ボウルを回さず同じように7〜8回切り混ぜた後、ゴムベラでボウルの底から生地を返す。底に粉が残らなくなればOK。

5 薄力粉の白い部分が見えなくなり、全体が粉チーズ状になれば混ぜ終わり。ここまではバターと薄力粉をすり混ぜないこと。

6 冷やしておいた1の卵液を加え、3と同様に切るように全体を混ぜる。

7 水分がなじみ、全体がしっとりしてきたら、5〜6回ボウルに生地を押しつけながらひとつにまとめる。

8 まとめた生地をラップフィルムで包み、2〜2.5cmほどの厚さの長方形にととのえて冷蔵庫で一晩ねかす。理想は前日につくった生地を使うことだが、最低でも5〜6時間以上冷やす。

成形

9 生地を冷蔵庫から出し、150g(1台分)ずつ2等分する。台に打ち粉(強力粉。分量外)をして、生地の四隅を台に軽く打ちつけるようにしてつぶす。生地は150gの量をのばし、120gを敷き込むのが目安。残った生地は冷凍保存するとよい。

10 生地の上に麺棒を置き、真上から体重をかけて押していく。中央→奥、中央→手前の順に、約2cm幅ずつずらしながら同じ力で押す。90度向きを変えて打ち粉をし、同様に麺棒で押す。バターが多く、やわらかくなりやすいので、温度が上がらないうちにのばしやすい固さにする。

11 ふたたび台に打ち粉をし、90度向きを変え、今度は麺棒を転がしてのばす。中央→奥、中央→手前と、2回ほどくり返す。このときも力を均等に加えて、奥、手前とも同じ長さにのばす。生地がのびなくなったら無理に広げず、打ち粉をして90度向きを変えてのばす。

12 20.5〜21cm角になったら、のばす作業は終了。厚さではなく、全体のサイズを決めてのばす方が失敗が少ない。慣れるまでは定規を使うこと。大きくのばしすぎると生地が薄くなるので注意。

13 のばした直後は生地が縮みやすい。生地の下に手を入れて軽くゆらし、全体を少し縮ませておく。前もって生地を落ち着かせることで、その後の縮みを防ぐ。

14 生地を麺棒で巻きとり、打ち粉がついているほうを上にして、型と生地の中心を合わせてタルト型に手早くかぶせる。

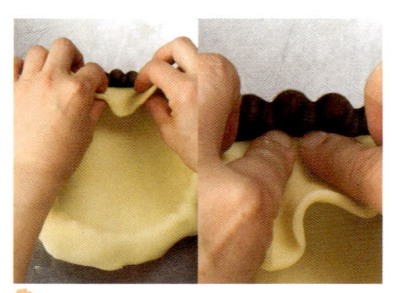

15 型に生地を敷き込む。奥側の生地の一部を手前にしっかりと倒し、指先で生地を折り(写真右)、続いて型の縁に沿って折った生地をもち上げて軽く押さえる。同様にくり返して1周させる。型の立ち上がり部分にしっかりと角ができる。

16 型の底や角の部分に空気が入らないように押さえながら、生地を敷き込む。生地を型に密着させたら、余分な生地は外側にできるだけ同じ角度に倒す。

17 型の上から麺棒をしっかり押しつけ、中央→奥、中央→手前の順に転がして、余分な生地を切りとる。切りとった生地は30gが目安。1台につき120g敷き込んだ計算になる。

焼成

18 型の内側に指をあて、生地を押しつけるようにして型に密着させる。型の高さから出ないように気をつける。このまま冷凍庫で5時間以上凍らせる。

19 18に円く切りとったオーブンペーパーを密着させ、縁のギリギリまで重石をのせる。200〜210℃のオーブンで28〜30分間空焼きする。重石にも、生地に熱を与える意味があるので熱伝導性にすぐれた金属製品を使う。重さは600〜650g。アズキなど豆類は軽いので向かない。

20 焼きはじめて25〜27分後、生地の縁がしっかり色づいてきたら紙を持ち上げて底の色を見る。うっすら色づいていればオーブンから出し、重石と紙をとる。まだ白いところがあるようならさらに2〜3分間、焼き色がつくまで焼く。

21 焼き上がり。網にのせ、粗熱がとれてから型からはずす。穴やひび割れがないかチェックする。

空焼き生地の補修

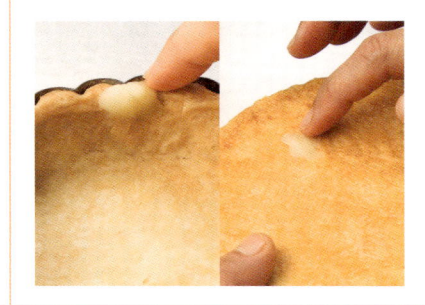

焼き上げたタルト生地の縁が欠けていたり、穴が開いていたら、焼成前の生の生地で補修する。生地を適宜とり、型側から貼りつける。補修したらそのまま型に戻してフルーツを並べ、アパレイユをそそぐ工程へ。

アパレイユをつくる

22 ボウルに卵を入れて泡立て器で溶きほぐす。砂糖を加えて溶かし、泡立てないように注意する。最初に卵をよくほぐしておかないと、口あたりが悪くなる。

23 生クリームを加え、全体がサラッとした状態になるまでよく混ぜ合わせる。空気を含ませないように。

24 目の細かいザルで漉してでき上がり。

仕上げ

25 アメリカンチェリーは軸を取り、洗ってよく水けをふきとって種を抜く。専用器もあるが、割り箸でもよい。軸のあったところから割り箸のたいらな面をさし入れ種を押し出す。アメリカンチェリーを使ったが、国産のサクランボでもよい。

26 21の生地の底一面にアメリカンチェリーを並べる。

27 たいらなところにおき、中心から24のアパレイユを流し入れる。アパレイユは型の縁ギリギリまで入れる。

焼成

28 空焼きした生地の縁が均等な高さでなければ、低い部分にアルミホイルを重ねたものを差し入れ、液の高さをそろえる。

29 180℃のオーブンで約30分間焼く。両手で持ち上げ、型ごとゆらして中心が動かなければ焼き上がり。指でさわって適度な弾力があればいい。

30 型ごと網にのせて粗熱をとり、冷めたら型から取り出す。

フルーツタルトのバリエーション

マンゴーのタルト
生のマンゴーでトロピカルな味わいに

材料（直径16cmのタルト型1台分）

パート・ブリゼ（54ページ）　約150g
アパレイユ
　全卵　45g
　グラニュー糖　28g
　生クリーム　73g
マンゴー（生）　140g（正味）
粉糖　適量

1　マンゴーは皮をむいて種を除き、2cm角にカットする。空焼きしたタルト生地にすき間なく並べる。

2　アパレイユをそそぎ、180℃のオーブンで約30分間焼き上げる。冷めたら茶漉しで粉糖をふる。

ルバーブのタルト

生のルバーブならではの風味と酸味が楽しめる。ルバーブは一度火を通して水分をとばしてから使う

材料（直径16cmのタルト型1台分）

パート・ブリゼ（54ページ）　約150g
アパレイユ
　全卵　50g
　グラニュー糖　42g
　生クリーム　61g
ルバーブ（生）　130〜150g
グラニュー糖　13〜15g
アンズジャム　適量
　つくり方は124ページ。または市販品

1　ルバーブは固い部分を取り除き、4cm長さに切る。

2　ルバーブに砂糖をまぶして一晩おく。

3　2の水けをふき取り、オーブンペーパーに広げて200℃のオーブンで7〜8分間火を入れる。竹串がスッととおればOK。生地を空焼きするときに一緒に焼くとよい。

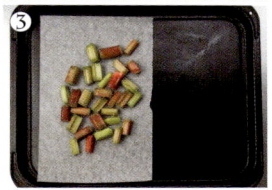

4　空焼きしたタルト生地に、3のルバーブを詰める。アパレイユをそそぎ、180℃のオーブンで約30分間焼き上げる。

5　水少々（分量外）を加えて煮立たせたアンズジャムを表面に塗る。これでつやと甘みをプラス。

ブルーベリーのタルト

生クリームを多めに加えて、カットすると流れ出そうなほどやわらか。
甘さは控えめでジューシーな仕上がり

材料（直径16cmのタルト型1台分）

パート・ブリゼ（54ページ）　約150g
アパレイユ
　全卵　45g
　グラニュー糖　28g
　生クリーム　80g
ブルーベリー（生）　約100g

1　ブルーベリーは洗って水けをふいておく、空焼きしたタルトの生地にすき間なく並べる。

2　アパレイユをそそぎ、180℃オーブンで約30分間焼き上げる。

チーズケーキ *Cheese cake*

クリームチーズを使った2種類の自慢のチーズケーキをご紹介しましょう。
ひとつは、NYスタイルのベイクドチーズケーキ。ほろっとくずれる食感と濃厚な口あたりで、
すぐにチーズの味が伝わる、コクのある味わいが特徴です。
もうひとつは、軽やかな口どけのスフレチーズケーキ。口に入れると
すぐに溶けてしまいそうなソフトな食感と、奥深いチーズの香りと余韻が楽しめます。
このスフレはベースになるカスタード生地に火を通し、そこにメレンゲを合わせることで
絶妙のやわらかさを生み出しています。
これら2つのチーズケーキはどちらも「焼き」の工程が最大のポイント。
焼きすぎると生地が固くなり、なめらかさと口どけが悪くなるので要注意です。
火がやっと通ったくらいでオーブンを消し、余熱でゆるやかに火を通して仕上げます。
ところで、焼くタイプのチーズケーキの場合、
焼くことでクリームチーズ本来の酸味がより濃くなるため、
私は、レモン汁などの酸味は足していません。

ベイクド
チーズケーキ

スフレ
チーズケーキ

ベイクドチーズケーキ

材料
（直径18cmの丸型1台分。底が抜けないタイプ）

ジェノワーズ生地（直径18×厚さ1cm）　1枚
　つくり方は90ページ
クリームチーズ　330g
グラニュー糖　102g
バニラビーンズ　1/6本
無塩バター［発酵］　37g
サワークリーム　147g
全卵　92g
卵黄　31g
コーンスターチ　11g

下準備
- 型にオーブンペーパーを敷く。側面用の紙には下部に切り込みを入れて底を折り込み、底紙は円く切ったものを敷く。
- オーブンペーパーを敷き込んだ型に、1cm厚さに切ったジェノワーズ生地を入れる（写真下）。
- コーンスターチをふるう。
- バニラビーンズはさやから出しておく。
- クリームチーズは約16℃、バター、サワークリームは室温にもどす。
- オーブンを予熱する（焼成温度180℃＋20〜40℃）。

作業の流れ
クリームチーズと砂糖をなじませる
↓
泡立て器で練り混ぜる
↓
バター、サワークリーム、卵を加えて混ぜる
↓
湯せんで焼く

食べごろ
- 仕上げてから2日目くらいが、全体に味がなじんでいちばんおいしい。
- 冷蔵庫から出して16〜18℃くらいがおすすめです。
- 焼き上げてから5日以内に食べきること。冷凍で2週間保存可能。

ポイント
- クリームチーズ（16℃前後）とバター（20℃前後）の温度を守ること。温度が高すぎるとやわらかくなり、抵抗が減って空気を含みにくくなります。
- 材料を順に混ぜていく、シンプルでつくりやすいレシピです。
- 湯せん焼きにするので、型は必ず底が抜けないタイプを使用してください。
- クリームチーズは「キリ　クリームチーズ」を、サワークリームは中沢乳業のものを使っています。

生地をつくる

1 クリームチーズは厚さを均一にしてラップフィルムで包み、室内にもどして16℃前後にする。

2 1をボウルに入れ、ゴムベラで全体を押してなじませ、均一な状態にする。

3 砂糖、バニラビーンズを加えて練り混ぜる。力を込めてゴムベラを押しつけるようにして全体をなじませる。砂糖の水分でチーズがだんだんやわらかくなる。

4 なめらかになったら、全体をよく混ぜ、クリームチーズの粒が残っていないか確かめる。残っていたらゴムベラでていねいにつぶす。最後に裏漉しをしないので、作業のどの工程においても、生地がなめらかで混ぜ残しがないように注意する。

5 泡立て器に持ち替え、羽根の上の部分を握るように立てて持ち、ぐるぐると力強く1分間混ぜる。こうすることで生地に空気が入り込み、ほろっとした食感を生み出す。固いので力を入れて大きく混ぜること。

6 別のボウルにバターを入れて20〜22℃の温度を保ち、ゴムベラでやわらかく練り上げ、5に加えて混ぜ合わせる。

7 全体が混ざったら、サワークリームを加えて同様に30秒〜1分間混ぜ合わせる。サワークリームが入ると全体が締まるので、さらに力を入れてすり混ぜる。

8 全卵＋卵黄をよく溶きほぐし、3回に分けて加える。1回加えるたびに30秒ほど空気を含ませるようによく練り混ぜ、次を加える。

9 途中でゴムベラの長い方の線を使い、ボウルの縁についた生地をはらう。**はらい方**(10ページ)。ダマが見つかったら、ヘラを使ってボウルの側面でつぶす。舌ざわりに影響するので、作業はていねいに。

63

10 全体が混ざったら、たらたらと流れてあとが残るくらいの状態になる。生地の温度が上がってサラサラの状態になると、焼き上がりの生地が重く密度のあるものになってしまうので気をつける。

11 コーンスターチを一度に加え、泡立て器で手早く混ぜ合わせる。コーンスターチは全体のつなぎになる。

12 混ざったら、ゴムベラの背でボウルの側面についた生地をていねいにはらう。

型に入れる

13 12の生地を用意した型に流し入れる。

14 生地の表面から1.5cmの深さにゴムベラを差し入れ、前後に細かくゆらす。こうすると表面が自然にたいらになる。

15 大きな気泡があれば、竹串でついて消す。

焼成

16 天板の中央に15を置き、熱湯を1〜1.5cmの深さまでそそぐ。湯せん焼きにするのは、下からの火のあたりをゆるやかにするため。湯がなくなり、火が急激に入ると生地が膨らみすぎて気泡が粗くなり、火を止めた後に生地が陥没して口あたりが悪くなる。

17 180℃のオーブンで30〜35分間湯せん焼きする。途中20分で180度回転させる。余熱でも焼き色が進むので全体に薄い焼き色がついたらオーブンの火を消し、そのまま40分〜1時間おいてゆっくりと冷ます。中心部が落ち込むことがあるので、すぐにオーブンから出さないこと。

18 冷めたら型ごとラップフィルムでおおって冷蔵庫で冷やし、食べる前に型から出す。オーブンペーパーのまま持ち上げて型から出す。出しにくい場合は、型を軽くゆすって生地を動かし、指5本で表面を支えながら型を逆さにしてはずす。

スフレチーズケーキ

材料
（直径18cmの丸型1台分。底が抜けないタイプ）

クリームチーズ　300g
無塩バター［発酵］　45g
卵黄　57g
グラニュー糖　20g
コーンスターチ　11g
牛乳　150g
　卵白　95g
　グラニュー糖　55g

下準備
- 卵は卵黄と卵白に分けて計量し、卵白は冷凍庫に入れ、一部が凍りはじめた状態にする（写真右）。
- 型にオーブンペーパーを敷く。側面用の紙には下部に切り込みを入れて底を折り込み、底紙は円く切ったものを敷き込む。
- バターを湯せんにかけて溶かす。
- オーブンを予熱する（焼成温度170℃＋20〜40℃）。

食べごろ
- つくった翌日がいちばんおいしい。
- 長くおくと味が抜けるので早めに食べきること。3日以内が望ましい。

ポイント
- クリームチーズにカスタードクリームとメレンゲを合わせ、ふんわりしたスフレ生地に仕上げます。
- ふんわりとろけるような口あたりにするため、メレンゲは高速で泡立てず、きめ細かく、やわらかく仕上げます。
- 焼きすぎないことが肝心。焼成後はオーブンの中でゆっくりと冷まし、均等に生地が落ち着くのを待ちます。
- 湯せん焼きにするので、型は必ず底が抜けないタイプを使用してください。
- クリームチーズは「キリ」を使用しています。

作業の流れ

クリームチーズとバターを練り混ぜる
↓
卵黄、砂糖、牛乳を湯せんにかけて合わせ、カスタードをつくる
↓
クリームチーズとカスタードを混ぜる
↓
卵白に砂糖を加えて泡立てる
↓
クリームチーズとメレンゲを混ぜる
混ぜ方 D
↓
湯せんで焼く

生地をつくる

1 クリームチーズは厚みを均一にしてラップフィルムに包み、電子レンジで人肌程度（36℃前後）に温める。通常使うより大きくて深いボウルに入れ、溶かしバターを加えてなじむようによく混ぜる。

2 混ぜ終わりは少し分離したような状態になってもよい。

3　別のボウルに卵黄を入れ、砂糖を加えて混ぜ、コーンスターチを加えて泡立て器で混ぜ合わせる。いずれもあまり混ぜすぎないように注意する。

4　牛乳を小鍋で沸騰させ、3に一度に加えてよく混ぜ合わせる。

5　鍋に湯を沸かし、4を湯せんにかけて、軽く混ぜながら火を通す。温度が低いと火が通らないので、湯せんの湯は必ず沸騰した状態にする。この生地は粉が入っているので卵が分離しない。

6　全体に軽くとろみがつき、ボウルの底がうすく見えるようになったら約10秒後に湯せんからおろす。余熱があるうちに勢いよくかき混ぜる。全体にとろりとしたらOK。長く湯せんすると固くなるので、火を通し過ぎないこと。

7　6が熱いうちにすぐに2のボウルに加え、泡立て器でよく混ぜ合わせる。

8　つややかでプルンとした状態になれば混ぜ終わり。次のメレンゲと同じ固さにそろっていればベスト。

メレンゲをつくる

9　ゴムベラで8のボウルの側面をはらい、はらい方(10ページ)生地が乾かないようにボウルにふきんをかけておく。

10　メレンゲをつくる。卵白は一部が凍りかけた状態で泡立てはじめる。温度をギリギリまで下げておくことで、過剰な泡立ちを抑え、きめの細かいこわれにくいメレンゲができる。

11　砂糖の分量のうち小さじ1程度を加え、ハンドミキサーの中速で2分間弱泡立てる。ミキサーの羽根をボウルの側面に添わせながら、2秒間に3周以下を目安にゆっくり回して泡立てる。きめ細かい泡をつくるため、高速にしすぎないこと。

12　残りの砂糖の半量を加えて、約1分間泡立てる。ここでも高速にしない。

13　残りの砂糖を加えて1分間泡立てる。中速のまま、ミキサーを回すペースをさらに遅くする。羽根を持ち上げると先端がゆっくりお辞儀をするような、やわらかくきめ細かいメレンゲが理想。固く泡立てすぎないこと。持ち上げて角がピンと立つようでは泡立てすぎ。

生地を仕上げる

14　9の生地をもう一度なめらかになるように混ぜてから、13のメレンゲの1/4量を加える。

15　ゴムベラでボウルの中心よりやや左下でだ円を描くように混ぜていく。これ以降、混ぜ方D（14ページ）「シフォンケーキ混ぜ」。全体がなめらかに混ざるように、これを繰り返す。

16　よく混ざったら残りのメレンゲを加える。中央にゴムベラを入れ、15と同様に左斜め下のカーブにエッジを当てるようにしてだ円を描いて混ぜる。1回混ぜるごとにボウルを反時計回りに60度回す。メレンゲが見えなくなればOK。

型に入れる

17　全体が均一に混ざったら、生地を型に流し入れる。メレンゲがこわれるのでそれ以上混ぜないこと。

18　両手で型を持ってぐるっと回すと、表面が均一の高さになる。さらにカードを使って表面をたいらにならす。

焼成

19　天板に置き、湯を1～1.5cmほどそそぐ。170℃のオーブンで12～15分間、160℃に下げて表面にうっすら焼き色がつくまで10～12分間、火を消してそのまま40分～1時間おく。余熱でも火が通り焦げ色もつくので焼きすぎないこと。機種により焼き色がつかないこともあるので注意。

20　オーブンから出して完全に冷ましてからラップフィルムでおおい、型ごと冷蔵庫に入れて冷やす。型からの取り出し方は「ベイクドチーズケーキ」と同様に。

チョコレートケーキ
Chocolate cake

まるで生チョコのような、口の中でとろりととろける
フォンダンタイプのガトー・ショコラです。本場パリで学んだ技術をベースに、
日本人好みのやさしい味わいをプラスしました。
最大の特徴は、外側の生地の焼けた部分がカサカサにならず、
中はどこまでもしっとりとした口どけが続くこと。
ポイントは「最小限の火の通しかた」つまり、生地を"焼かない"ことにより、
なめらかな口あたりに仕上げます。
「共立て」「別立て」「混ぜるだけ」の3タイプのレシピをご紹介しますが、
いずれも「勇気を持って早めにオーブンから出す」ことが肝心です。
また、チョコレート菓子は香りや余韻も大切。材料のチョコレートはそのままの
試食で判断せず、必ず焼き上がりを食べてみて好みの品質や味のものを選びましょう。

フォンダン・オ・カシス

蒸し焼き
ガトーショコラ

ウォーター
チョコレート
ケーキ

共立てのレシピ
フォンダン・オ・カシス

材料（直径15cmの丸型1台分）

チョコレート（カカオ分60〜65％※1）　100g
チョコレート（カカオ分50〜55％※2）　30g
無塩バター［発酵］　75g
全卵　145g
グラニュー糖　85g
カカオパウダー　28g
カシス（冷凍。ホール）　85g

下準備

- 板状のチョコレートは粗くきざむ。コイン型はそのままでOK。
- カシスは飾り用に25gを別にとり分けておく。
- 型にオーブンペーパーを敷く。側面用の紙には下部に切り込みを入れて底を折り込み、その上から円く切った底紙をのせる（生地が外にもれ出さないように）。
- オーブンを予熱する（焼成温度180℃＋20〜40℃）。

食べごろ

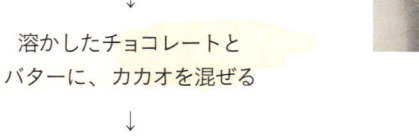

- 冷蔵庫で16℃ほどに冷やした状態が食べごろです。
- ゆるく泡立てた甘さ控えめの生クリームを添えてもおいしい。
- 焼き上がりから2日後までおいしく食べられます。

ポイント

- 小麦粉をいっさい使わず、とろけるような口あたりを追求したレシピです。
- 濃厚なチョコレートにカシスの酸味がほどよいアクセントに。カシスの水分でよりなめらかな口どけになります。
- チョコレートのカカオ分は目安です。使用したものはすべてクーベルチュールで、※1がベック「スーパーゲアキル（カカオ分64％）」、※2がカカオバリー「エクセランス（同55％）」。メーカーやカカオ分の違いで、固さや溶けやすさが異なります。
- カカオパウダーはバンホーテン、冷凍カシスはラビフリュイを使用。

●作業の流れ

卵黄と砂糖を泡立てる
↓
溶かしたチョコレートとバターに、カカオを混ぜる
↓
卵黄生地とチョコレートを混ぜる
混ぜ方A
↓
焼く

チョコレートの準備

1 中ボウルに2種類のチョコレートとバターを入れて、沸騰しない程度に（以下同）湯せんにかけて溶かし、湯せんからおろして人肌程度（33〜36℃）まで冷ます。

共立て生地をつくる

2 別のボウルに卵と砂糖を入れ、湯せんにかけて軽く混ぜ合わせる。35〜38℃になったら湯せんをはずす。

3 2の泡立てスタート。ハンドミキサーの高速で4〜5分間泡立てる。ミキサーを持った手は大きく円を描くようにボウルの側面に添って時計回りに回し、反対の手はボウルをときどき反時計回りにする。

4 3が白っぽくなったら生地をすくって落とし、リボン状に落ちるようになったら（写真）、低速で3〜4分間泡立ててきめをととのえる。ミキサーの羽根を手前で固定し、低速で15秒間回す。大きな気泡がミキサーの中に吸い込まれ、小さな泡になって出てくる。15秒したら、左手で30度ボウルを動かし、次の位置で15秒間同じように回す。これを4〜5回くり返す。

5 写真のようにきめが細かくなり、細かいリボン状に落ちるようになったら完成。

生地を仕上げる

6 1にカカオパウダーを加え、全体がなめらかになるまで泡立て器で静かに混ぜ合わせる。泡立てないように注意する。

7 全体が混ざって、つやがでてくれば混ぜ終わり。

8 7のチョコレート生地を5の卵生地に加える。卵生地の下にチョコレートが沈んでいく。

9 ゴムベラをボウル右上の時計2時の位置に入れ、左斜め下に向かって動かしながら、返すようにして混ぜる。混ぜ方A（12ページ）「ジェノワーズ混ぜ」。切るようにではなく、ゴムベラの面に生地をのせるように。ヘラを大きく動かして混ぜる。

10 この混ぜ方で、生地につやがでるまで60回ほど混ぜ合わせる。ゴムベラで混ぜながらボウルは4と同様に反時計回りに回す。

11 生地がだんだんと締まってくるが、さらに40〜60回ほど混ぜる。気泡がほぼ見えなくなり、つやのあるなめらかな生地に。10よりかさは減り、固さがでる。混ぜ方が足りないと、焼いたときに生地が膨らみすぎてきめが粗くなるので注意。

12 冷凍カシスを加え、生地全体にまんべんなく広がるようにゴムベラで5〜6回ほど混ぜる。カシスは冷凍のまま加えること。解凍してから加えると余分な水分が出てきてしまう。

13 型に流し入れ、ゴムベラで表面をたいらにならす。生地は冷えて固くなる。

14 飾り用のカシスを全体に散らす。

焼成

15 180℃のオーブンに入れて18〜22分間焼く。

16 竹串を刺して焼き上がりを確認する。縁から1cm内側に刺すと生地がつかず、2cm内側は、とろりとした生地が串の先端にだけつくのが目安。中心部は押すとふにゃふにゃとやわらかい状態。火を通しすぎると口どけのよさが損なわれる。中心が焼けていなくても、「勇気をもって」オーブンから出すこと。

17 型ごと網にのせ、粗熱がとれたら型ごとラップフィルムで包んで冷蔵庫で冷やす。完全に冷やしてからの方が型からはずしやすい。冷えたら、ゆるく泡立てた甘さ控えめの生クリームを添えて供する。

別立てのレシピ
蒸し焼きガトーショコラ

材料
（直径15cmの丸形1台分。底が抜けないタイプ）

チョコレート（カカオ分60～65％）　44g
チョコレート（カカオ分50～55％）　22g
無塩バター［発酵］　44g
生クリーム　37g
卵黄　44g
グラニュー糖　44g
薄力粉　12g
カカオパウダー　37g
卵白　94g
グラニュー糖　44g

下準備

・板状のチョコレートは粗くきざむ。コイン型はそのままでOK。

・型にオーブンペーパーを敷く。側面用の紙には下部に切り込みを入れて底を折り込み、その上から円く切った底紙をのせる（生地が外にもれ出さないように）。

・卵白は冷蔵庫で充分に冷やす。

・薄力粉とカカオパウダーを合わせてふるっておく。

・オーブンを予熱する（焼成温度170℃＋20℃～40℃）。

食べごろ

・焼き上げ後、中が半生なので一晩冷凍庫に入れてから、カットして自然解凍（冷蔵庫でも可）します。

・16℃ほどにもどした状態が食べごろです。焼き上げた翌日から2～3日めがおいしい。5日後までが食べごろ。

ポイント

・私の店で提供しているガトーショコラを、配合はそのまま蒸し焼きにして、中まで火を通さないように短時間で焼いてしっとり仕上げたレシピです。

・濃厚なチョコレートの味わいの中に、メレンゲならではの軽やかに溶ける口あたりが特徴です。

・湯せん焼きにするので型は必ず底が抜けないタイプを使用してください。

・しっかりとしたメレンゲをつくるために、卵白は必ず冷やしておきます。

・フランボワーズソース（23ページ）を添えると、チョコレートの風味がより引き立ちます。

・チョコレート、カカオパウダーのメーカーは70ページ参照。

作業の流れ

卵黄と砂糖をすり混ぜる
↓
溶かしたチョコレートとバターに、生クリーム、カカオを加え混ぜる
↓
卵白に砂糖を加えて泡立てる
↓
チョコレート生地にメレンゲを混ぜる
混ぜ方D
↓
湯せんで焼く

チョコレートの準備

1. ボウルに2種類のチョコレートとバターを合わせて湯せんにかけて溶かし、45～50℃にする。

チョコレート生地をつくる

2. 別のボウルで生クリームも湯せんにかけて人肌程度に温めておく。

3. ボウルに卵黄と砂糖を入れ、泡立て器で混ぜる。湯せんにかけ、さらに混ぜながら人肌程度まで温めて湯せんからはずす。湯せんにかけるのは砂糖をしっかり溶かし、温度を上げて、次に加えるチョコレートが締まるのを防ぐため。

4. 1の溶かしたチョコレートを3の卵黄に加えて混ぜる。

5. 続けて2の生クリームも加える。この後、カカオパウダーを加えると締まって固くなり、作業性が悪くなるため、材料はすべて温めた状態で混ぜ合わせること。とくに冬場は高めの温度にしておくと作業がしやすい。

6. ふるった薄力粉とカカオパウダーを加え、なめらかになるまで泡立て器で素早く一気に混ぜ合わせる。次第に締まって混ぜにくいがしっかりと混ぜ合わせること。

7. 全部が混ざってつやが出てくれば混ぜ終わり。

メレンゲをつくる

8. 冷やしておいた卵白に分量の砂糖からひとつまみ分を加え、ハンドミキサーの高速で泡立てる。羽根をぐるぐると時計回りに回しながら、ボウルはときどき反時計回りに回す。卵白を冷やしておくことでメレンゲがぼそぼそになりにくい。

9. 2分～2分30秒ほど泡立て、固く泡立ってきたら残りの砂糖の半量を加えて1分間泡立てる。最後に、残りの砂糖を加えて1分30秒泡立てる。メレンゲを泡立てはじめたら、砂糖を加える間もミキサーを止めずに一気に作業すること。

生地を仕上げる

10 しっかりした、つやのあるメレンゲが完成。放っておくとすぐにボソボソとなるが、気にしなくてOK。

11 7のチョコレートのボウルに10のメレンゲの1/3量を入れて、なめらかになるまで混ぜる。混ぜ方D(14ページ)「シフォンケーキ混ぜ」。この作業は、メレンゲと生地全体をなじませるのが目的。ここで加えたメレンゲの気泡が消えても気にせず、しっかりと混ぜること。

12 メレンゲと生地がなじみ、つやのある状態になればOK。

13 12を、10の残りのメレンゲのボウルに加える。

14 ゴムベラをボウル中央に差し入れ、左斜め下のカーブにエッジを当てるようにして30〜40回混ぜる。混ぜ方D。ボウルをときどき反時計回りに回す。ゴムベラのエッジを使い、切り込むような感覚で混ぜ合わせる。

15 気泡が見えなくなり、全体がつややかになったら、さらに底から大きく60〜80回混ぜる。サラサラと流れるような状態になればOK。気泡を残さずしっかりと混ぜ込むことで、細かい卵白の粒子が生地全体にまんべんなく行き渡った状態に。

焼成

16 型に流し入れたら、熱湯を1.5cmほど張った天板にのせ、170℃のオーブンで17〜20分間焼く。湯せん焼きにするのは、下からの火のあたりをやわらげ、生地に急激に火が入るのを防ぐため。湯がなくなると生地が膨らんでしまう。

17 竹串を生地にゆっくり底まで刺し、焼き上がりを確認。縁から1.5cm内側に刺した場合には何もつかず、中心を刺した時に、串の先端にとろりとしたあん状の生地がついてきたら(写真右)焼き上がり。

18 オーブンから出して網にのせて冷ます。粗熱がとれたら型のまま冷凍庫へ。冷凍することで切り分けやすくなり、味も落ち着いておいしくなる。そのまま保存もOK。好みでフランボワーズソース(23ページ)を添えて供する。

混ぜるだけのレシピ
ウォーターチョコレートケーキ

材料（直径15cmの丸形1台分）

チョコレート（カカオ分60〜65％）　90g
チョコレート（カカオ分50〜55％）　27g
無塩バター［発酵］　63g
ブラウンシュガー（細粒）　75g
湯（約50℃）　90g
全卵　45g
Ⓐ ┌ 薄力粉　40g
　├ カカオパウダー　25g
　└ ベーキングパウダー　3g
グランマルニエ酒　30g

下準備
- 板状のチョコレートは粗くきざむ。コイン型はそのままでOK。
- Ⓐの粉類は合わせてふるう。
- 型にオーブンペーパーを敷く。側面用の紙には下部に切り込みを入れて底を折り込み、その上から円く切った底紙をのせる（生地が外にもれ出さないように）。
- オーブンを予熱する（焼成温度170℃＋20〜40℃）。

食べごろ
- 16℃前後が食べごろの温度。
- 焼き上げて3〜4日目がとくにおいしくなります。5日後までに食べきるようにしてください。

ポイント
- 名前のとおり、水（湯）をたっぷりと加えたユニークなチョコレートケーキ。みずみずしい食感で、チョコレートと洋酒の香りがストレートに伝わります。
- 生地の泡立てがないので、手順としてはもっとも簡単なレシピです。
- グルテンが出ると「ねちょっ」とした食感になってしまうので、粉類を加えた後の混ぜ方に注意しましょう。
- 卵やクリームなど油脂分が少ないため、コクを補う意味でブラウンシュガーを加えています。
- チョコレート、カカオパウダーのメーカーは70ページ参照。

作業の流れ

溶かしたチョコレートとバターに、
砂糖、湯、卵を順に加え混ぜる
↓
カカオと粉を加え混ぜる
↓
焼く

チョコレートの準備

1 ボウルに2種類のチョコレートとバターを入れて湯せんにかけて溶かし、湯せんからおろして人肌程度に冷ます。

生地をつくる

2 ブラウンシュガーを加える。ここでは細粒タイプを使用。材料がシンプルな分、ブラウンシュガーでコクをプラスする。

3 泡立て器で混ぜ合わせる。

4 約50℃の湯を静かに加える。

5 泡立て器でなめらかになるまで静かに混ぜる。いったん分離したようになるが、ゆっくり混ぜ続けると全体がなじんでくる。

6 全体がしっとりなめらかな状態になったら混ぜ終わり。

7 溶いた卵を加え、再びなめらかになるまで静かに混ぜる。卵はよく溶いてから加えないと、後から混ぜても細部まで混ざりきらなくなる。

8 卵が均一に混ざったら、Ⓐの粉類を一度に加える。

9 泡立て器を立てて、ボウルの側面に沿わせながら大きく50〜60回、ゆっくりまんべんなく回しながら混ぜる。泡立て器を立てるのは、全体をしっかり混ぜながら、グルテンを出にくくするため。混ぜる速度が速くなると材料の摩擦でグルテンが出やすくなるので注意する。

10 ゆっくり一定のリズムで混ぜると、グルテンが出ないままなじんでいく。

11 均等に混ざったら、グランマルニエ酒を加え、同じように全体がよくなじむように混ぜる。

12 生地がさらっとした状態になれば混ぜ終わり。

焼成

13 型に静かに流し入れる。ゆるめの生地なので表面をならしたり、型を落として気泡を抜く必要はない。

14 170℃のオーブンで15〜17分間焼く。

15 焼き上がりを確認する。縁から2cmほど内側の生地の裂けめに竹串をゆっくり刺すと、さらっとした液状の生地がついてくる(写真右)これが焼き上がりの目安。

16 15で串を入れた外側(縁に近いほう)は串を刺しても何もつかない。逆に、中心部は竹串の先に少しだけ生地がつく状態。

17 型のまま網にのせ、完全に冷めたら型ごとラップフィルムで包み、冷蔵庫で2時間ほど冷やす。

シュークリーム *Chou à la crème*

開店以来、「オーブンミトンといえばシュークリーム」と言っていただけるほど、
お店でもお菓子教室でも大人気の一品です。卵のコクとミルクの風味をしっかり感じながら、
口どけがよく後口は軽いのが特徴です。材料はとてもシンプルですが、
各工程の"仕上げ方"にポイントがあります。カスタードはとろみをつける程度ではなく、
練り上げるように固く煮詰め、弾力性をつけるために急冷します。
カスタードに加える生クリームも分離直前のボソボソした状態まで泡立て、
わざとむらを残すように合わせます。これらの工程を組み合わせることで
コクがありながらスッと口どけのいいカスタードクリームができ上がるのです。
シュー皮はほどよく乾燥させて、香ばしさと土台としての強度を出しました。
こっくりとしたカスタードクリームとさっくりとした皮の一体感もおいしさの秘訣です。

シュークリーム

材料(16〜18個分)

カスタードクリーム
 牛乳　400g
 グラニュー糖　107g
 卵黄　94g
 薄力粉　26g
 コーンスターチ　13g
 無塩バター[発酵]　22g
 生クリーム　223g
シュー生地
 牛乳、水　各45g
 無塩バター　37g
 グラニュー糖　小さじ1/3
 塩　少量
 薄力粉　46g
 全卵　90g
粉糖(好みで)　適量

下準備

- 保冷剤を冷凍庫で冷やす。
- 薄力粉とコーンスターチは合わせてふるっておく。
- カスタードを煮る鍋は、ステンレス製で厚手のものがおすすめ。ここでは内径16cm、高さ9.5cm、側面の立ち上がりが直角の深めの中型鍋を使用。
- オーブンを予熱する(焼成温度210℃＋20〜40℃)。

カスタードクリーム

シュー生地

食べごろ

- カスタードクリームをシュー皮に詰めた直後が食べごろです。
- カスタードクリームはつくった当日に使いきってください。
- 焼き上がったシュー皮は冷凍保存OK。冷たい皮を160℃のオーブンで2分間ほど温め直してから使います。

ポイント

- カスタードクリームをつくる際、卵黄とグラニュー糖は泡立てず、すり合わせるようにして混ぜます。泡立てると卵の風味が消えてしまいます。
- カスタードはしっかり煮詰めることで味に深みが出ます。味の差が出る重要なポイントです。
- 煮上がったカスタードは急速に冷やすことで弾力が生まれます。冷蔵庫に入れるよりも、手順11のように氷水と保冷剤を使うほうが温度をより早く下げることができ、雑菌も防ぐことができます。
- カスタードに加える生クリームは、ぼそぼそした分離直前の状態になるまで泡立てます。

カスタードクリームをつくる

1　鍋に牛乳、砂糖の1/3量を入れて混ぜ、火にかける。

2　ボウルに卵黄を入れて割りほぐし、残りの砂糖を加えて泡立て器ですり混ぜる。卵黄は白くなるまで混ぜると風味が失われるので、泡立てず、均一に混ざればよい。

3 2にふるった薄力粉とコーンスターチを加え、なめらかになるまですり混ぜる。

4 1の牛乳が沸騰したら火を弱め、ふきこぼれないように注意して20秒ほど煮立たせる。軽く煮詰めて牛乳の味を凝縮させるイメージで。

5 すぐに3のボウルにそそぎ入れ、ムラのないように泡立て器で混ぜ合わせる。少し濃度がつけばOK。

6 ボウルの中身を漉し器を通して鍋に戻し、中火にかける。

7 ゴムベラに持ち替えて、絶えずよく混ぜながら火を入れる。とろみが出て、部分的にムラのある状態から、全体が固まってきたら一度火からおろす。泡立て器で素早く混ぜて全体をなめらかにする。

8 再び中火にかけ、4分〜4分半ほどリズミカルに混ぜていく。ヘラを強く動かしてクリームを鍋底から側面につけていくように、均等に鍋底をはらう。ときどき側面をはらい、煮詰まって味が凝縮した側面のクリームを鍋に戻していく。

9 クリームは途中、2分ほどでやわらかくなめらかになるが、さらに続けて煮詰めていく。クリームの水けを飛ばすようにヘラを絶えず動かし、ぽてっとした仕上がりにもっていく。

10 でき上がりは、鍋底にうっすらと焦げができる程度。火からおろし、バターを加えて余熱で溶かしてよく混ぜる。大きな焦げがあれば取り除く。

11 すぐにバットに移し、表面をラップフィルムでおおい乾燥を防ぐ。

シュー生地をつくる

12　底から氷水をあてて、上からは冷凍しておいた保冷剤をのせて急激に冷やす。一気に冷やすことで弾力が生まれる。

13　鍋に牛乳、水、バター、砂糖、塩を入れて火にかける。バターが溶けて沸騰したら火を止める。

14　火からおろしてふるった薄力粉を一気に加え、泡立て器で手早く混ぜる。泡立て器の方が粉が飛び散らず、早く混ざる。

15　生地がまとまったらゴムベラに持ち替え、再び中火にかける。鍋底に押しつけるようにして1分間ほどよく練る。

16　1分ほどで鍋底にうっすらと焦げがついてくる。生地がやわらかくなり、粒子が粗くなっきたらボウルに移す。

17　生地が熱いうちに、溶きほぐした卵を4〜5回くらいに分けて加える。最初はゴムベラで、3回めくらいからはハンドミキサーの羽根1本で低速で混ぜていく。

18　最後の卵が入ったら、もう一度ゴムベラに持ち替えてなめらかに練る。

19　でき上がりはつやが出て、生地を落とすとゴムベラに三角形の形が残るくらいの固さ。生地が冷めると目安がつきにくくなるので手早く仕上げる。

20　天板にオーブンペーパー敷き、1cmの丸口金をつけた絞り袋に19を入れ、3.5cmほどの丸型に絞り出す。生地を絞るときは、口金の先を紙から1cmほど離し、やや斜めの位置から絞り口を動かさないようにして絞る。

クリームを仕上げ、生地に詰める

21 絞り出した生地に霧吹きでたっぷりと霧を吹き、予熱したオーブンに入れる。210℃で15分間、その後は180℃に下げて10分間焼く。

22 さらに150℃に下げて5分間乾燥焼きする。生地が固く焼き上がったら完成。あとから生地が沈んでしまうので、割れ目にも焼き色がつくまでしっかりと焼く。

23 12の状態で30分以上おき、カスタードが冷えて固まったところ。

24 カスタードをボウルに入れ、木べらを使って少しずつほぐす。ボウルの底に押しつけてのばすようなイメージで。かなり力が要るので半量ずつ作業するとよい。

25 カスタードにかたまりがあればていねいに取り除く。全体が同じような固さにほぐれ、つやが出てのびやかな状態になればでき上がり。混ぜすぎるとやわらかくコシがなくなるので注意する。

26 生クリームをボウルごと氷水に当ててハンドミキサーで泡立てる。分離する一歩手前、つやが消えてぼそぼそした状態まで泡立て続ける。固めに泡立てることで、混ぜ込んだときにほっくりと固さのあるカスタードクリームに仕上がる。

27 生クリームの1/2量を25のカスタードに加えて、ざっくりと混ぜる。残りも加え、今度は生クリームの白い筋が残る程度にほどほどに混ぜる。カスタードと生クリームそれぞれの味が共存する状態に。

28 冷めたシュー皮は横半分に切る。右は縦半分にカットしたところ。生地全体が乾燥し、中はしっとり外はしっかりと焼き上がっているのがわかる。

29 口金をつけない絞り出し袋に27のカスタードクリームを詰めて、こんもりと絞り出す。1個分のクリームは約40g。上のシュー皮をかぶせ、好みで粉糖をふる。

モンブラン *Mont-blanc*

モンブランづくりの醍醐味は、クリームと生地の組み合わせ次第で多様な味わいを
生み出せること。どんな栗クリームをつくり、どのタイプの生地を合わせるか……。
私がめざしたのは、昔から親しんできた素朴な栗の味がするクリームです。
ゆでた栗をそのまま食べたような、ホクホクした自然な甘さと栗の香りを重視しました。
殻つきの栗をゆでるところから手づくりするのは、新鮮な栗の風味を出すためです。
ゆでた栗をスプーンでくり抜くのは多少手間がかかりますが、
手づくりならではのぜいたくな栗そのものの風味が楽しめます。
モンブランの土台には、サクサクと軽いマカロンを合わせてみました。
栗クリームのコクと香りを引きたててくれる組み合わせです。

材料（約15個分）

マカロン
 卵白　100g
 グラニュー糖　140g
 ┌ アーモンド　50g
 │ グラニュー糖　45g
 └ コーンスターチ　25g
モンブランクリーム
 栗　385g（ゆでて皮からくり出した状態）
 グラニュー糖　137g
 生クリーム　55g
 無塩バター　55g
生クリーム　380g
 （ボウルごと氷水に当てて、
 8分立てにしたもの）
カスタードクリーム　225g
 （つくり方は80ページ）

マカロン

モンブランクリーム

下準備

・バターは室温にもどす。

・モンブランクリームに加える生クリームは、一度沸騰させてから人肌ほどに冷ましておく。

・オーブンを予熱する（焼成温度115℃＋20〜40℃）。

食べごろ

・つくった直後が食べごろです。時間が経つとメレンゲが湿気ってしまいます。

・栗は旬の時期にまとめて仕入れ、新鮮なうちにゆでて中身をとり出し、冷凍保存します（1カ月保存可能）。

・モンブランクリームは製造から2〜3日で使いきるようにします。

・焼き上がったメレンゲは7日間は室温で保存できます。湿気らないように密閉容器に入れておきます。

ポイント

・栗は皮つきのものを水からゆで、ゆで上がりを湯につけたまま冷ますと渋皮のアクが抜けます。

・アーモンドは使う当日にローストし、フードプロセッサーで細かく砕いてから使うので、風味が違います。

・モンブランクリームは、口あたりをよくするためにミキサーにかけてから裏漉します。

・モンブランクリームの絞り出しには、魚そうめんなどに使う「おだまき（小田巻突き、引き筒ともいう）」を使います。

・マカロンや他のクリームに充分な甘さがあるので、シャンティ（生クリーム）には砂糖を加えません。

・モンブランクリームは、生栗、砂糖、バター、生クリームのみでつくり、市販のペースト、シロップ煮、エッセンスなどはいっさい加えていません。

栗をゆでる

1 栗を洗って鍋に入れ、全体が隠れるまでたっぷりの水を注いで中火にかける。沸騰したら弱火で1時間20分ほどゆでて（ゆで時間は栗の大きさによる）途中で湯が少なくなったら足す。半分にカットしてみて中心部までやわらかくなったら火を止める。湯につけたまま冷ます。

2 冷めたら栗を半分にカットし、スプーンで中身を取り出す。後で裏漉しするので、この段階で少し渋皮が混ざっても気にしない。保存する場合は、皮を除いたこの状態で冷凍するとよい。

マカロンをつくる

3 アーモンドは、160℃のオーブンで18〜20分間ローストし、フードプロセッサーにかけて砕く。完全に粉状にせず、少し粒が残るくらいに。アーモンドは酸化が早いので、毎回使う分だけローストして挽くとよい。大きい粒は口金に引っかかるので、包丁で3〜4mm角にきざむ。

4 アーモンドと砂糖、コーンスターチを手で混ぜ合わせる。

5 メレンゲをつくる。卵白に砂糖の分量のうち小さじ1程度を加えて、高速のハンドミキサーで泡立てる。シフォンケーキやほかのメレンゲよりやわらかく仕上げる。

6 1分30秒ほどして7分立てくらいになったら砂糖の半量を加える。その後、1分間ほどしたら残りを入れる。最初から砂糖の全量を加えるとメレンゲのかさが出にくくなるので、2回に分けて加える。ミキサーの羽根を、8秒間で10回転くらいのゆっくりめのスピードで大きく回す。

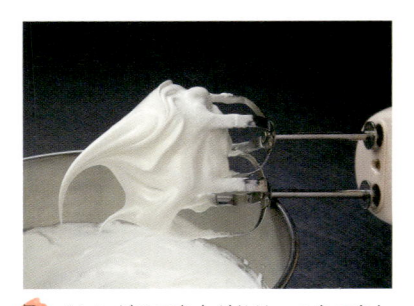

7 メレンゲのでき上がりは、つやつやとして密度がある状態に。泡立て器で持ち上げたときにおじぎをするくらい。固く泡立てすぎないように注意する。

8 メレンゲに4の粉類を一度に加えて、ゴムベラで混ぜ合わせる。中心から斜め下に向かってゴムベラを入れ、切るようにして混ぜる。**混ぜ方D**(14ページ)「シフォンケーキ混ぜ」。アーモンドの粒が見えなくなり、全体にムラがなくなったら、さらに30回ほど混ぜる。

9 全体がやわらかくなり、メレンゲの先がぽてっとおじぎをする状態でOK。

10 天板にオーブンペーパーを敷く。1cmの丸口金をつけた絞り袋に9を入れ、直径5.5cmの渦まき状に15個絞る。これが土台になる「大」。それほど膨らまないので、1.5cmほどの間隔でよい。

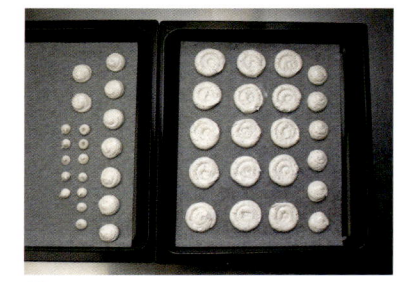

11 同様に、直径3cmの「中」、直径1.2cmの「小」をつくる。中はドーム状、小は円すい形でつんと角が立ったような形状に絞る。115℃のオーブンで80分間焼く。しっかり乾燥させるため、焼成後も冷めるまでオーブンに入れておく。焼成時間は大・中・小すべて同じ。

モンブランクリームをつくる

12 フードプロセッサーに、2のむいた栗、砂糖、室温にもどしてやわらかくしたバター、一度沸騰させて人肌以下まで冷ました生クリームを入れて、なめらかになるまで3〜4分間回す。栗がとくに甘いと感じたら砂糖を減らしてもよい。

13 ざらざらした部分がなくなり、なめらかに練り合わさった状態。栗の水分が少なく固いときには生クリームを少量足す。

14 裏漉し器の下にボウルを置き、カードなど使って13を裏漉しする。

仕上げる

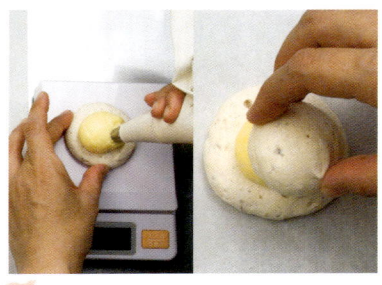

15 カスタードクリームを絞り袋に入れ、マカロン「大」の上に15gずつ絞る。計りで計量しながら作業するとよい。カスタードクリームの上に「中」マカロンをのせ、軽く押すようにして安定させる。

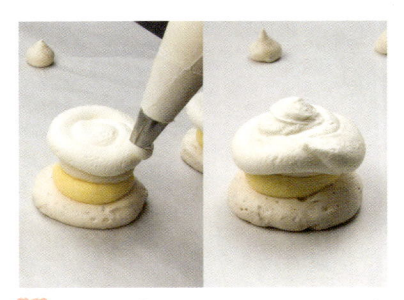

16 続いて「中」の上に、8分立てに泡立てた生クリームを25gずつ渦巻き状に絞る。クリームがやわらかいので縁側から落ちて、全体が丸みをおびてくる。

17 14のモンブランクリームをおだまきに入れ、16の上から絞り出す。1個につき40〜45g。おだまきに入れる量は全体の2/3以下。作業台に垂直になるようにおだまきを持ち、真上からゆっくり均等な力で押し出す。2〜3往復したら90度向きを変え、全体をクリームでおおって仕上げる。

18 マカロン「小」をのせてでき上がり。好みで粉糖をふってもよい。組み立てずに皿盛りする場合は、器にカスタードクリームと生クリーム、モンブランクリームを直接絞り出し、砕いたメレンゲを飾る。

いちごのショートケーキ
Strawberry shortcake

私のジェノワーズ(共立て)生地は手順通りに進めば決して難しくなく、
失敗も少ない生地なので、ぜひ一度チャレンジしてみてください。
一般的なレシピとの違いは、粉を加えてから
「こんなに混ぜてもいいの？」と思うほど、たくさんの回数を混ぜること。
基本的な考え方は、まず砂糖と全卵を泡立てて力のあるきめ細かい気泡をたくさんつくり、
そこへ粉をしっかり混ぜ込むことで気泡を支える"柱"を多くつくります。
焼き上がった生地はシロップを打ってもこわれない弾力があり、卵の風味豊かで
甘すぎることもありません。もちろん、この生地をつくるためには泡立て方、
混ぜ方など随所にテクニックが必要ですが、少しのコツをつかめば、
ふんわりときめ細かい生地ができ上がります。さらに完成度を上げたい方のために、
基本のナッペとデコレーションの手順も詳しくご紹介しています。

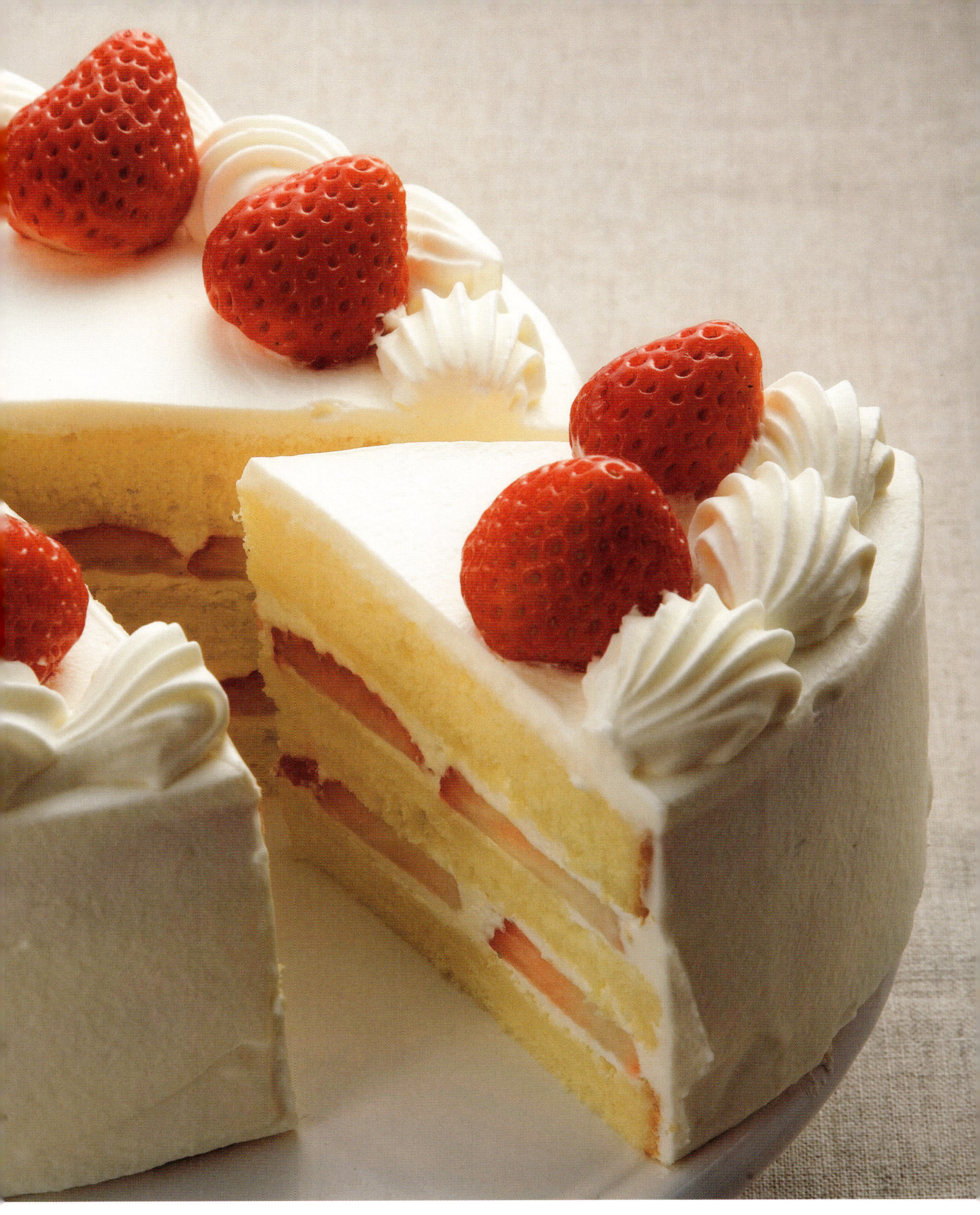

いちごのショートケーキ

材料（直径18cmのスポンジ1台分）

ジェノワーズ
　　全卵　150g
　　グラニュー糖　110g
　　水あめ　6g
　　薄力粉　100g
　Ⓐ［無塩バター　26g
　　　牛乳　40g
仕上げ用シロップ
　　水　80g
　　グラニュー糖　27g
　　キルシュ酒　20g
クリーム
　　生クリーム　360g
　　牛乳　15g
　　グラニュー糖　20g
イチゴ　1～2パック

下準備

・ロール紙を型に敷き込む。まず型の側面にあて、底に円形に切ったものを敷く。

・薄力粉をふるう。

・Ⓐを小さなボウルに合わせておく。

・オーブンを予熱する（焼成温度160℃＋20～40℃）。

作業の流れ

全卵と砂糖を泡立てる
↓
粉を加えて混ぜる 混ぜ方A
↓
溶かしたバターと牛乳を加え混ぜる
混ぜ方A
↓
焼く
↓
デコレーション

食べごろ

・仕上げた当日が食べごろです。

・ジェノワーズ生地だけなら、冷蔵で1日、冷凍で2週間ほど保存可能。

ポイント

・ボウルは深めのものがおすすめです。

・ジェノワーズ生地は、粉を加えてから120～150回混ぜ、むらなくきめ細かい生地に仕上げます。

・フルーツはお好みのものでOK。夏には生パイナップルもおすすめです。

・回転台はある程度重さのあるものが使いやすい。プラスチック製は軽く安定が悪いのでおすすめしません。

ジェノワーズ生地をつくる

1 小さなボウルに水あめを入れて湯せんにかけ、やわらかくする。ボウルにラップをかけておくと表面が固くなりにくい。

2 別の深めのボウルに卵を入れて泡立て器でほぐし、砂糖を加えてよく混ぜる。湯せんにかけて砂糖を溶かしながら、卵が40℃前後になるまで温める。

3 1の水あめを2に加え、よく溶かし混ぜる。水あめを加えるのは保湿のため。

4 3をハンドミキサーの高速で泡立てる。泡立てはじめの温度は36℃が目安。ミキサーの羽根を垂直に立て、ボウルの側面に沿わせながら、1秒間に2周するペースでぐるぐると回す。

5 4分半後、全体が白くもったりしてくる。羽根を持ち上げると生地で「の」の字がしっかりと書けるくらいが目安。文字がすぐに消えるようならさらに20〜30秒間泡立てる。

6 低速に変え、さらに2〜3分間ほど泡立てる。ミキサーの羽根の位置を手前に固定し、20秒ほどしたら、ボウルを反時計回りに30度ほど回すことをくり返す。目的は細かい気泡を増やすこと。ボウルの中で大きな泡がミキサーに吸い込まれ、細かい泡になって出てくる。

7 6のミキサーを低速にすると同時に、Ⓐを湯せんにかけてバターを溶かし、40℃以上で保温しておく。

8 6の大きな泡が消え、ふっくらとしたきめの細かい状態になればOK。

9 楊枝の先1、2cmを生地の中央に刺して指をゆっくり放す。楊枝が1〜2秒間倒れなければ適切に泡立っている証拠。

91

10　ミキサーの羽根についた生地を落とした後、ヘラでボウルの側面をはらう。側面にヘラを密着させて、ボウルの手前から時計と逆回りにぐるりと1周させる。写真はヘラが1周したところ。ちょうど逆手で持つような状態になる。

11　ボウルを傾け、再びボウルの側面に生地をつける。こうすると粉を加えたときに、粉がボウルに直接つかず、生地と一緒に混ぜ込みやすく、ダマもできにくい。

12　ふるっておいた粉をもう一度ふるって全量を一度に入れ、ヘラで大きく混ぜる。ボウルの時計の2時に位置にヘラを入れ、左手は9時の位置でボウルを押さえる。ここから混ぜ方A(12ページ)「ジェノワーズ混ぜ」。

13　そのままヘラのエッジをボウルの底に垂直に当てながら、ボウルの中心を通るようにして8時の位置まで動かし、ボウルの側面もなぞりながら9時半の位置まで持ち上げる。側面をなぞるときに左手でボウルを反時計回りに(7時の位置まで)回す。

14　自然に手首を返し、生地をボウルの中心よりやや左寄りに落とすようにする。再び12に戻って混ぜる。混ぜるたびにヘラが60度ずつ移動するように毎回、左手できちんとボウルを回す。

15　35〜40回ほど混ぜると粉けが見えなくなる。写真は側面までヘラを密着させてしっかりと混ぜている様子。

16　7のバターと牛乳をヘラに沿わせて散らすように加え、さらに混ぜ方Aで90〜110回混ぜる。

17　混ぜ終わり。つやのあるきめ細かい生地になる。ヘラですくうとサラサラと落ちるくらいが目安。

18　ボウルを一度はらい、生地をまとめる。用意しておいた型に生地を流す。はらい方(10ページ)。気泡がつぶれるので何度もヘラでこそげないように。ボウルやヘラの縁についた黄色みの強い「死に生地」は回りに散らすように入れる。

19 型ごと1～2回、10cmほどの高さから落とし、表面の大きな気泡を消す。

20 160℃のオーブンで33～35分間焼く。焼き色が美しく、周囲の紙が少し波打っているくらいが焼き上がりの目安。型に入った状態で高さ6cmほどになる。

21 オーブンから出した直後に、型ごと15cmほどの高さから落とす。こうすると型から出した後の生地の焼き縮みを防ぐことができる。

仕上げの準備

22 裏返してクーラーにのせ、型をはずす。5～6分間したら生地の上下をもとの向きに戻して網の上で完全に冷ます。

23 シロップをつくる。鍋に水と砂糖を入れてひと煮立ちさせ、冷めたころにキルシュ酒を加える。

24 生クリームを泡立てる。ボウルに生クリーム、牛乳を入れて砂糖を加え、ボウルごと氷水に当てて7分立てに泡立てる。全体は7分立てで止め、使う直前に使う分だけボウルの一部で泡立てるようにする。泡立てすぎないことがポイント。牛乳は口あたりを軽くするために加える。

25 22の生地をカットする。紙をはずし、底を上にして置き、表面(つまり底側)の生地を薄くそぎ切る。

26 そいだ面を下に置き、1.5cm高さの当て木に沿って、包丁を前後に動かして生地をカットする。同様にもう2枚カットして3枚用意する。

27 上面の焼けたところもそぎ切り、よぶんなくずをはらい落とす。細かなくずはクリームに混じって見た目も口あたりも損ねるので大まかにとっておく。

組み立て

28 イチゴをカットする。形の美しいものは飾り用とし、残りは7mm幅にカットする。イチゴは水で洗うと傷むので、布などでぬぐう程度にする。

29 25で上面をそいだ、一番底に当たる面を上にして生地を回転台にのせる。シロップを刷毛にたっぷり含ませて生地を押さえながら塗る。5〜6cmくらいずつ刷毛をすすめ、全面を均等に塗る。シロップはこの生地にいちばん多く打つ。

30 24の生クリームの一部をボウルの手前部分で泡立てて8〜9分立てにし、29の生地の中心にのせる。クリームの量は40gが目安。

31 パレットナイフで向こう側から手前にクリームをもってくる（A）。スポンジからクリームがはみ出ないように注意。回転台を90度右に回してから、クリームを右から左に6〜7cmずつ動かし、同時に回転台は反時計回りに少しずつ動かす（B,C）。これを3〜4回くり返す（D,E）。全体にクリームが行き渡ったら、最後にナイフを手前で固定し、回転台を1〜2周してたいらにならす。パレットナイフは上から持ち、人差し指を面にあて、人差し指の力で塗るイメージで。ナイフの支点は刃の右側部分にあるので、右側を少し下に傾ける。

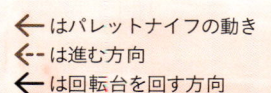

← はパレットナイフの動き
←-- は進む方向
← は回転台を回す方向

32 クリームを塗った上から28のカットしたイチゴを放射状に並べる（F）。一番外側のイチゴは生地の縁から2〜3mm内側におき、平たい面、広い面を下にする。逆の面にするとイチゴの間にすき間ができやすい。それから30と同量のクリームを生地の中心に置き（G）、31と同様に作業する（H〜J）。イチゴの間にクリームを埋めるようにのばす。

33 26で真ん中に当たる生地を裏返してシロップを軽めに打ち、表に返して32の上にのせる。上面にはシロップをたっぷりと打つ。

34 30〜32と同様にクリームを塗り、イチゴを並べ、上からクリームを塗る

35 一番上になる生地は、そいだ焼き面に軽くシロップを打ち、裏返して34の上にのせて残り全量のシロップを打つ。

クリームを塗る（ナッペ）

36 側面にはみ出たクリームをととのえる。パレットナイフを時計の8時の位置に垂直に当て、5cm進んで2cm戻る要領でナイフを動かす。台を時計回りに回転させながら側面をきれいにならす。

37 残ったクリームの2/3量〜半量をケーキの中心に置く。31とは逆に、パレットナイフをクリームの手前から向こう側へもっていく。パレットナイフの先を1cmほどケーキの先へ出し、クリームが側面から落ちるように構える。

38 左手で回転台を時計回りに少しずつ動かしながら、1周クリームを塗る。クリームの厚さは3〜4mmほど。最後に回転台を1周回して表面をならす。

39 側面の下塗りをする。まず上面からはみ出て側面にたれているクリームをととのえる。パレットナイフを36と同様に8時の位置に構え、回転台と同様に少しずつ回しながら側面に1周塗る。

40 39の側面部分に塗り重ねて、本塗りをする。パレットナイフに少量のクリームをとり、39と同様にナイフを立てて8時の位置から5〜6cmずつ手前に動かして厚めに塗る。左手は回転台を時計回りに30〜60度ずつ回す。これをくり返して5〜6回クリームを足しながら側面全体を塗る。

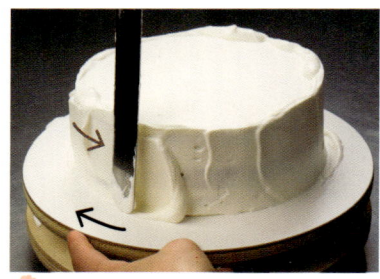

41 クリームが薄いところがあれば足し、全体を均一に厚く塗る。最後に8時の位置でナイフを固定したままスピードをつけて回転台を1周させ、クリームがたいらに、一定の厚さになるようにととのえる。ケーキの上面にクリームがせり出してくるように仕上がるのがベスト。

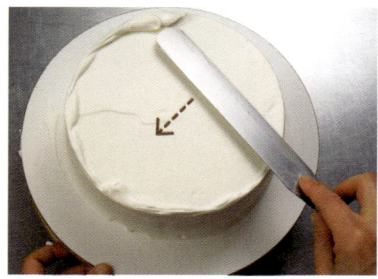

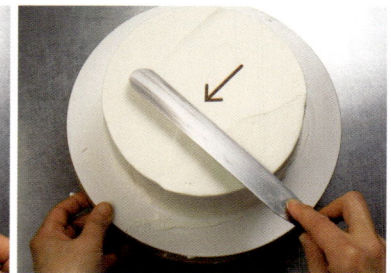

42 上面をととのえる。パレットナイフを2時の位置から中心へ向かってスーッと滑らせるように動かし、角を出して表面をならす。回転台は時計回りに60度ほど回し、同じように角を出しながら5〜6回で表面全体をたいらにする。

デコレーション

43 底にはみ出たクリームの処理。右からパレットナイフの左側をケーキの底の縁にあて、ナイフの右側を浮かせながら余分なクリームを切りとるように、左手で台を反時計回りに4〜5回動かして1周する。

44 上面にクリームを塗る。絞り袋に星口金をつけてクリームを詰め(11ページ)、右上側から絞りはじめる。絞るために力を入れるのは右手、左手は口金に添えるだけ。

45 垂直より少し斜めに構え、右手を押して1cmほど絞り足す。そのまま斜め下向きにスッと抜くように引く。この動作を4〜5回くり返し、10cmほど絞り進め、左手で回転台を4〜5回動かしながら1周する。絞ってクリームが減ったら、袋をねじり直す。

46 絞り終えたら、ケーキを皿にのせかえる。手前からパレットナイフの4/5部分まで差し入れて持ち上げ、片手を添えてナイフごと皿へ移す。

47 へたを取った飾り用のイチゴをバランスよく並べる。やや外向きに斜めにかたむけて並べるとかわいく仕上がる。

48 でき上がり。バースデーケーキの場合は中央にプレートなどをのせる。

ショートケーキを美しくカットする

熱湯を深い容器に入れて用意する。1回切るごとにナイフを熱湯に浸して温め、湯を軽くふきとる。ナイフは必ず体に対して直角に構え、ケーキに垂直になるように刃を入れる。刃先をやや下げて刃を入れ、前後に小さく動かしながら下に切っていく。まずケーキを半分にカットし、そのままケーキを3cmほど右側にはなす。1回切るごとにケーキを動かし、残り1/2(4等分)、さらに半分(8等分)と切り分ける。

ロールケーキ *Roll cake*

くるんと丸い切り口で、今やすっかり人気のスイーツとなったロールケーキ。
ここでご紹介するのは、共立てタイプのジェノワーズ生地です。
ショートケーキの生地に比べると、卵が多く粉は少なめ。
さらにバターなど油脂がない分、冷やしても生地が固くなりません。
生地そのものがソフトで卵の風味が豊かに広がる反面、
粉の量が少なくダマができやすいので混ぜ方に注意が必要です。
生地のバリエーションは2種類。「フルーツロール」はのびのよい生地を薄く焼き上げ、
クリームをたっぷり包めるようにしました。
「チョコロール」は極限まで粉を減らしてココアをたっぷり加え、
ガトー・ショコラのような濃厚でほろ苦い味に仕上げています。

チョコロール

フルーツロール

基本のロールケーキ
バニラロール

材料(長さ30cm1本分)

生地(30×30cmの天板1台分)
　全卵　230g
　グラニュー糖　105g
　水あめ　14g
　薄力粉　86g
　┌ 牛乳　38g
　└ バニラビーンズ　1/6本
クリーム
　生クリーム　170g
　グラニュー糖　10g

下準備

・天板にロール紙を敷く。紙は側面を立て、1〜1.5cmほど型より高くなるようにし、四隅に切り込みを入れて敷き込む。
・薄力粉はふるっておく。
・牛乳は室温にもどし、バニラビーンズをさやから出して牛乳に加え、よく混ぜておく。
・オーブンを予熱する(焼成温度180℃＋20〜40℃)。

作業の流れ

全卵と砂糖を泡立てる
↓
粉を加えて混ぜる 混ぜ方B
↓
牛乳を加えて混ぜる 混ぜ方B
↓
焼く
↓
デコレーション

食べごろ

・つくりたてが食べごろです。
・当日中に食べきること(生地の状態によって翌日まで冷蔵保存可能)。

ポイント

・水あめと牛乳を加えた、しっとりやわらかい共立て生地なので、シロップを打つ必要がありません。また、バターを加えないので、冷蔵庫で冷やしても固くなりにくい生地です。

・小麦粉は粒子の細かい「スーパーバイオレット」(日清製粉)を使います。ソフトに仕上がる反面、混ざりにくいので、粉を合わせる前にもう一度ふるい、さらに混ぜ方にもコツが必要です。

・天板は2枚重ねて焼きます。火の通り方がやさしく、きれいに焼き上がります。

生地をつくる

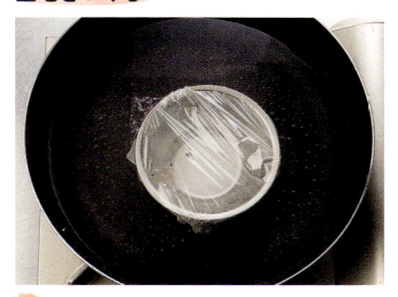

1 小さなボウルに水あめを入れ、湯せんにかけてやわらかくする。ボウルを水でぬらしておくととり出しやすい。ラップフィルムをかけて表面が固くなるのを防ぐ。

2 ボウルに全卵を入れてほぐし、砂糖を入れて泡立て器で混ぜる。湯せんにかけて砂糖を溶かし混ぜ、40〜43℃になったら湯せんからおろす。温度が上がり過ぎないように注意する。

3 1の水あめを2に加えて泡立て器で混ぜ合わせる。

4 ハンドミキサーに持ち替え、羽根を立ててぐるぐると大きく回しながら5分間泡立てる。泡立てはじめるときの生地の温度は36〜40℃が目安。温度が上るときめが粗くなるので注意する。

5 ミキサーを持ち上げ、流れ落ちる生地で「の」の字を書き、描き終わった時点で形が残っているくらいまで泡立てる。

6 低速に変え、さらに2〜3分間泡立ててきめをととのえる。ミキサーの羽根をボウルの手前で固定し、15〜20秒ほどしたら、ボウルを45度ずつ回転させることをくり返す。大きい泡がミキサーに吸い込まれ、細かい泡になって出てくる。

7 大きな泡が消え、さらにきめが細かくなる。続いて薄力粉をふるい入れる。ダマができやすいので、薄力粉は再度ふるってから加える。

8 ゴムベラで30〜35回混ぜ合わせる。ここから 混ぜ方B (13ページ)。ゴムベラをボウルの2時の位置に差し入れ、8時の位置に向かってボウルの底をなぞりながら大きく混ぜる。すくい上げたときにゴムベラの面を上に向け、ヘラを右に返して2時の位置に戻る。

9 同じ作業をくり返す。ゴムベラのカーブした部分で底をなぞるように動かし、ヘラの面で混ぜる感じ。ヘラの面を使い、粉を持ち上げて素早く生地に混ぜ込んでいく。1回混ぜるごとにボウルは反時計回りに60度回転させる。

10 粉が見えなくなったら、バニラビーンズ入りの牛乳を加える。

11 その後、約60回ほど8から合計すると90〜100回くらい混ぜる。ふんわりとしてつやのある状態が混ぜ終わりの目安。

12 ボウルの生地をはらい、用意した天板の中心に生地を流し入れる。

13 カードの先を使い、天板の角に向けて生地を広げる。

14 天板の左下にカードの1辺をつけ、30度に傾け、スーッと左から右に生地の表面をならす。天板を90度回転させ、同様に4回行なう。最後にカードについた生地は、少ない部分や隅に落とす。

15 天板を7〜8cmくらいの高さから1回落とし、表面の大きな気泡を消す。

焼成

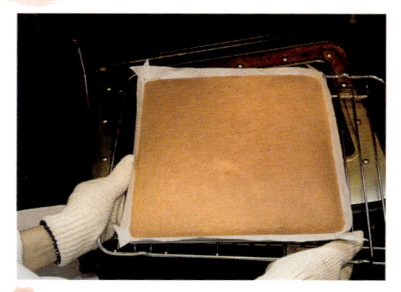

16 もう1枚の天板を重ねたら網にのせ（3枚の天板を重ねない）、180℃のオーブンで焼く。12分間焼いたら天板を180度回転させ、さらに5分間焼く。焼けたら天板から外してクーラーにのせ、粗熱がとれたら乾いたふきんを掛けておく。

クリームを巻く

17 生クリームに砂糖を加え、ハンドミキサーで7〜8分立てにする。泡立て器ですくうと引っかかってすぐには落ちない程度。生地がしっとりとやわらかいので、クリームも固すぎないようやわらかめに泡立て、なめらかな口あたりに仕上げる。

18 16の生地が冷めたら、裏返して敷き紙を手前から向こう側にはがす。そのまま敷き紙をのせ、生地を再び裏返して、焼き面が表になっている状態で置く。

19 18の生地の焼き面の中央に17のクリームをのせ、パレットナイフ(L字型)で少し広げてから、右斜め上→左上→左下→右下の順に動かし、クリームを広げる。

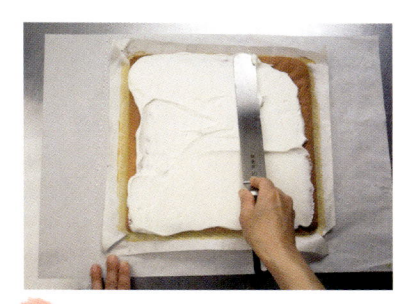

20 パレットナイフを左から右へ、奥から手前の順に動かしてクリームをのばす。全面に塗ったら、巻き終わりの奥の部分だけ、クリームを薄くする。

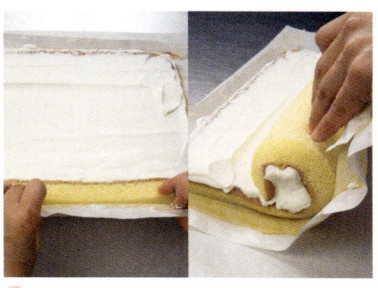

21 敷き紙の縁を持ち、生地を手前から1/4持ち上げ、指で押さえて芯をつくる。敷き紙の端5cmのところを両手で持ち上げ、奥まで一気に巻き進める。端からクリームが出たら、パレットナイフでならす。

22 とじ目を下にして手前に寄せ、手で軽くおさえて全体の形をととのえる。冷蔵庫で30分間以上冷やして締める。巻紙はそのまま巻きつけておく。

ロールケーキのバリエーション

● フルーツロール

フルーツをたっぷり巻くので、バランスよく生地は薄く焼き、シロップを打ってから巻きあげる。

材料(長さ30cm1本分)

生地(30×30cmの天板1台分)
　全卵　215g
　グラニュー糖　102g
　薄力粉　82g
　牛乳　39g
クリーム
　生クリーム　170g
　グラニュー糖　10g
フルーツ(イチゴ、キウイ、
　パイナップルなど)　計230g
シロップ
　グラニュー糖　6g
　水　18g
　キルシュ酒　5g

ポイント

・混ぜる回数は、バニラロールより多めの110～120回。よりきめの細かい生地をつくります。

1　フルーツはすべて7mm角にカットする。イチゴを多めに配合すると彩りがよくなる。

2　生地のつくり方は101ページ～のバニラロールと同様だが、混ぜる回数は110～120回と多め。焼成前の生地は、写真のように落としたときにリボン状になるように。焼成は190℃で16分間、11分焼いた時点で天板を反転させる。

3　シロップは水と砂糖をひと煮立ちさせ、キルシュ酒を混ぜておく。生地の粗熱がとれたら、これを全量打つ。

4　バニラロールと同様にクリームを塗る。フルーツを手前から1種類ずつ、クリームに押し込むようにのせる。あとの巻き方はバニラロールと同様。

🍫 チョコロール

ガトーショコラのような口どけのいい生地と
チョコレートクリームに、フランボワーズのアクセント

材料（長さ30cm1本分）

生地（30×30cmの天板1台分）
　全卵　225g
　グラニュー糖　137g
　薄力粉　35g
　カカオパウダー　35g
　牛乳　36g
チョコレートクリーム
　チョコレート（カカオ分55％）　60g
　牛乳　38g
　生クリーム　190g
フランボワーズ（冷凍。ホール）　80g
シロップ
　グラニュー糖　6g
　水　18g
　キルシュ酒　5g

ポイント

・チョコロールはカカオ分が入り、泡が消えやすいので、混ぜる回数は60〜70回と少なめ。焼成後の生地はやわらかくこわれやすいので扱いはていねいに。

1　生地のつくり方は101ページ〜のバニラロールと同様で、（カカオパウダーは薄力粉と一緒にふるう）混ぜる回数は全部で60〜70回。焼成は190℃で17分間、11分で天板を反転させる。

2　チョコレートクリームは、きざんだチョコレートに沸騰直前の牛乳を混ぜる。溶けたら20℃前後にする。

3　2に生クリームの1/4量を加えてよく混ぜ合わせ、残りのクリームを加えてミキサーの低速で7〜8分立てにする。

4　生地にキルシュ入りシロップ（フルーツロールの3と同様）を全量打つ。チョコレートクリームをバニラロールと同様に塗る。生地の手前を厚く塗り、フランボワーズを置き、すき間が出ないように埋め込む。巻き方はバニラロールと同様に。

チーズ入り生地
**サーモン
クリームチーズ**

チーズ入り生地
アスパラガス

ケーク・サレ　*Cake salé*

フランスで話題になり、日本でもじわじわと人気が出てきたケーク・サレ。
お惣菜感覚で楽しめる、塩味のパウンドケーキです。
とはいっても、通常のパウンドケーキとは配合もつくり方も大きく異なります。
砂糖が入らず、卵の気泡もつくらないので、粘りけの多い固い生地になりがち。
そこで考えついたのが"天ぷらの衣"づくりをヒントにした「お箸3本持ち」の混ぜ方です。
この混ぜ方から、ふんわりしっとり口どけのいい生地ができ上がります。
基本の生地は「チーズ入り」「ヤマイモ入り」の2種類で、
どちらも具材をたっぷり加えることができるのでアレンジも自在。
軽食やちょっとしたパーティーメニューにもおすすめしたい、切り口も華やかな一品です。

チーズ入り生地
**キノコ
アサツキ**

チーズ入り生地
**ほうれん草
クルミ**

ヤマイモ入り生地
ブロッコリー

チーズ入りの生地
アスパラガスのケーク・サレ

材料
（21×8×高さ6cmのパウンド型1台分）

チーズ入りの生地
- A
  - 薄力粉　125g
  - ベーキングパウダー　5g
  - 粉チーズ　40〜55g
- 全卵　115g
- 牛乳　70g
- サラダ油（キャノーラ油）　70g
- 塩、白コショウ　各小さじ1/4強
- 炒めタマネギ（※右上 印）　36g

具材
- ロースハム　50g
- 黄パプリカ　40〜55g
- ズッキーニ　50g
- ニンジン　20g
- グリーンアスパラガス　50g
  - 計約210〜225g

飾り
- ミニトマト　3〜4個
- 赤パプリカ、ズッキーニ、粉チーズ　各少量

※炒めタマネギのつくり方
タマネギ2個を粗みじんに切る。熱したフライパンにサラダ油大さじ1を入れ、タマネギを強火で約7分間炒める。一部に焦げめがついてきたら弱火にし、木べらでフライパンの底をなぞるようにしてゆっくりと火を通す。全体が色づいて茶色っぽくなってきたら火を止める（トータル15〜18分前後で炒め上げる）。

下準備
・パウンド型に、カットしたオーブンペーパーを敷き込む。
・オーブンを予熱する（焼成温度180℃＋20〜40℃）。

食べごろ
・つくりたてから、粗熱がとれてほんのり温かいくらいが一番おいしいです。
・おいしく食べられるのはつくった当日。翌日以降は、食べる直前に、スライスしてオーブントースターで温めます。

ポイント
・塩は「伯方の塩（焼き塩）」を使用。塩の種類によって味が変わります。
・生地に混ぜるチーズは、すりおろしたグリュイエールチーズがとくにおすすめ。粉のパルメザンチーズでも。チーズのコクが深い味わいを生みます。
・卵と油、調味料を混ぜたあと、油分が浮いてくる前に素早く粉類を加えること。
・粉を加えたあとは、グルテンを出さないように注意。天ぷらの衣づくりのように、3本の箸を立てて混ぜるとさっくりとでき上がります。

具材の準備

1 具材をカットする。ハムは1cm角、パプリカとズッキーニは8mm角、ニンジンは火が通りにくいので5mm角に切る。グリーンアスパラガスは根元の固い分を切りとってパウンド型の長さにそろえ、残った固い部分は小さくきざむ。飾り用のミニトマトは横半分に、赤パプリカは3〜4cm長さの細長い三角形4切れ、ズッキーニは5mm厚さの輪切り4〜5枚を用意する。飾り用野菜は厚さをそろえておく。

粉類の準備

2 ビニール袋に④の粉類と粉チーズを入れ、空気を含ませるようによく振り混ぜる。チーズのかたまりがあれば、ビニール袋のまま手でほぐす。チーズの味を確認して塩の分量を加減する。

生地をつくる

3 ボウルに全卵を入れ、泡立て器で充分にほぐす。

4 牛乳、サラダ油を加えてよく混ぜる。バターではなく、サラダ油を加えるのは、焼き上がった生地を室温でもやわらかく保てるほか、風味がおだやかなので他の素材の味を引き立てるため。

5 続いて、塩、白コショウを加えてよく混ぜる。放置すると油が浮いてくるので、作業は一気に進める。

6 炒めタマネギを加え、よく混ぜる。

7 6の生地が混ざったら、表面に油が浮いてくる前に、2の粉類とチーズを加える。

8 3本の箸を用意し、薬指と小指の間で1本、中指と薬指の間で1本、親指と人差し指と中指の間で1本をはさむ。箸を立てたときに三角すいに近い形に持つ。

9 3本の箸を立てて持ち、直径10cmの円を時計回りに描くように35〜40回混ぜる。親指と人差し指で支えている1本で、ボウルの縁と粉との境にふれながら円を描いて混ぜていく。1周混ぜるごとに、ボウルは逆方向に1/4回転させる。

10 生地がだんだんとなじんでくる。この混ぜ方は、グルテンを極力出さずに液体と粉を混ぜることができる。

11 35回前後で混ぜ終わり。この段階では粉がところどころ見えても構わない。このあと野菜を加えてざっと混ぜ合わせる。

12 切りそろえた1の具材をパラパラと11の生地に加える。

13 ゴムベラで7〜8回、中央から外側に向かって大きく混ぜる。ボウル側面についた粉も生地と一緒にすくうように混ぜていく。

型に入れる

14 このくらいまとまれば混ぜ終わり。均一に混ざらなくてもよい。

15 すぐに、オーブンペーパーを敷き込んだ型に半量を流し入れる。ゴムベラでたいらにならす。

16 アスパラガスを互い違いにバランスよく並べる。

焼成

17 残りの生地を流し入れ、型のまま軽く台に落として、生地を型全体に行き渡らせる。ゴムベラで表面を軽くならす。

18 飾り用の野菜を重ならないように広げ、トマトは水けが蒸発するように切り口を上にする。上面に軽く粉チーズを振る。

19 180℃のオーブンで50〜55分、表面と側面にも焼き色がつくまで焼く。型からはずし、網にのせて粗熱をとる。目安は中央の膨らみに焼き色がつき、側面にもこんがりと焼き色がついている状態。

チーズ入り生地の バリエーション

材料
（21×8×高さ6cmのパウンド型1台分）

チーズ入りの生地　108ページ
　「アスパラガスのケーク・サレ」と同様
具材
　タマネギ　80g
　ディル　8〜10枝
　スモークサーモン　90g
　クリームチーズ　90g
飾り
　ミニトマト　3〜4個
　ディル、タマネギ　各少量

■ サーモンとクリームチーズ
カットした切り口も美しい。
ワインのあてや、オードブルにぴったりの1品

ポイント
・スモークサーモンは切り落としでOK。
・クリームチーズは「キリ」を使用。
・表面を飾るディルは焦げないよう、生地にしっかりと密着させます。

1　具材の準備。クリームチーズはパウンド型の幅に合わせ、棒状に成形してラップフィルムで包んでおく。タマネギは生地用、飾り用ともに薄切り、ミニトマトは横半分に切る。

2　生地を109ページの2〜11と同様につくり、すぐにオーブンペーパーを敷き込んだ型に1/3量を流す。

3　タマネギをのせ、ディルでおおうようにする（A）。その上にスモークサーモンを並べる（B）。具材は型の端までおかず、少しすき間を残して生地同士がつながるようにする。

4　スモークサーモンの上、型の中心に棒状のクリームチーズを置き、残りの生地を流し入れる（C）。

5　型のまま軽く台に落として、表面をならし、生地を型全体に行き渡らせる。飾りをバランスよくのせる（D）。

6　180℃のオーブンで50〜55分間、表面と側面にしっかりと焼き色がつくまで焼く。型からはずして粗熱をとる。

🍃 キノコとアサツキ

香りよくソテーしたキノコを
たっぷりのアサツキと一緒に混ぜ込んで

材料
（21×8×高さ6cmのパウンド型1台分）

チーズ入りの生地　108ページ
　「アスパラガスのケーク・サレ」の
　塩を少し減らす。あとは同様。
具材
　キノコ（生）　約200g
　　レモン汁　小さじ1
　アサツキ　50g
飾り
　ミニトマト　3個
　エリンギ　少量

※キノコソテーのつくり方

エリンギ、マイタケ、シイタケなどを食べやすくカットする。フライパンにサラダ油を熱し、キノコを入れて、軽く塩、コショウしてソテーする。キノコがしんなりしたらレモン汁をふり、強火にして水分を飛ばして火を止める。ざるにとり、余分な水けをきる。

ポイント

・キノコソテーに塩けがあるので、生地の塩を減らします。

・アサツキは万能ネギでもOK。

1　キノコのソテーを準備し、140gをとり分ける。アサツキは4mm幅の小口切りにする。飾り用のエリンギは薄くスライスし、ミニトマトは横半分に切る。

2　生地を109ページの**2〜11**と同様につくり、キノコのソテー、アサツキを加えてヘラで7〜8回大きく混ぜる（**A**）。

3　オーブンペーパーを敷き込んだパウンド型に流す（**B**）。

4　型のまま台に軽く落とし、表面を平らにならし、生地を型全体に行き渡らせる。飾り用のトマトとエリンギをバランスよくのせる。エリンギの表面にサラダ油（分量外）を塗り、少量の塩をふる。（**C**）

5　180℃のオーブンで50〜55分間焼く。表面にしっかり焼き色がつくまで焼く。型からはずし、網にのせて粗熱をとる。

ほうれん草とクルミ

フライパンでもできる焼き方。
クルミの歯ざわりが心地いい野菜ケーク

材料（直径約20cm1枚分）

チーズ入りの生地　108ページ
　「アスパラガスのケーク・サレ」の
　塩を少し減らす。あとは同様。
具材
　　ホウレンソウ（生）　約140g
　　クルミ（ローストし、粗くきざむ）　40g

※ホウレンソウソテーのつくり方

フライパンにバター適量を温め、3～4cmに切ったホウレンソウ1束（約140g）を入れて塩、コショウをして、強火でさっとソテーする。火を止め、キッチンペーパーに広げて水分と粗熱をとり、クルミを合わせておく。

ポイント

・直系約20cmのテフロン加工のフランパンを使用しています。

・葉野菜はそのままではアクや水分が出るので、ソテーしてから生地に加えます。

1 生地を109ページの2～11と同様につくり、ホウレンソウのソテーとクルミを加えてヘラで7～8回混ぜる（A）。

2 フライパンを熱し、サラダ油（分量外）をひいてから余分な油をキッチンペーパーでふき取る。火を止め、生地全量を流して、フライパンの端まで行き渡るように表面をならす（B）。

3 すぐにふたをして火をつけ、弱火にして片面を15分間焼く（C）。

4 中央が膨らみ、表面にプツプツと気泡が出てきて、少し乾いた状態になってくる。この状態を確認したら裏返す（D）。

5 そのままふたをせずに、中弱火で6～7分間焼いてでき上がり。盛りつけるときは最初に焼いた面を上にするときれい。

ヤマイモ入りの生地
ブロッコリーのケーク・サレ

材料
（21×8×高さ6cmのパウンド型1台分）

生地
- A ┌ 薄力粉　125g
　　└ ベーキングパウダー　5g
- 全卵　125g
- ヤマイモのすりおろし　50g
- 塩　小さじ1/2強
- 牛乳　90g
- サラダ油（キャノーラ油）　80g
- 炒めタマネギ（108ページ参照）　36g
- 白コショウ　小さじ1/4

具材
- ロースハム　50g
- 赤パプリカ　40g
- カボチャ　50g
- ブロッコリー　60g
-     計約200g

飾り
- ミニトマト　3個
- 黄パプリカ　適量
- インゲン　3〜4本
- 粉チーズ　少量

下準備
・パウンド型に、カットしたオーブンペーパーを敷き込む。
・オーブンを予熱する（焼成温度180℃＋20〜40℃）。

🍴食べごろ🍴

・つくりたてから、粗熱がとれてほんのり温かいくらいが一番おいしいです。

・おいしく食べられるのはつくった当日。翌日以降は、食べる直前にスライスしてオーブントースターで温めます。

ポイント

・ヤマイモは粘り強いイチョウイモ（ヤマトイモ）が向きます。

・固くなりやすい生地ですが、ヤマイモを入れることで、ふんわり和風テイストに仕上がります。

・基本の生地、作業手順は「チーズ入りの生地」とほぼ同じで、チーズをヤマイモにおき換えています。ヤマイモを入れると生地が締まり弾力が出るので、液体を増やして固さを調整しました。チーズを入れない分、塩を増やしています。

具材の準備

1 具材をカットする。ハムは8〜10mm角、パプリカは8mm角、カボチャは5mm角に切る。ブロッコリーは小房に分ける。飾り用のミニトマトは横半分に、パプリカは3〜4cm長さの三角形に切る。インゲンは筋を取る。

粉類の準備

2 ビニール袋にⒶの粉類を入れ、空気を含ませるようによく振り混ぜる。

生地をつくる

3 ボウルに全卵を入れてほぐし、すりおろしたヤマイモを加えて泡立て器でよく混ぜる。ヤマイモは粘りの強いイチョウイモ（ヤマトイモ）を使用。塩を加えてなじむようによく混ぜる。

4 ヤマイモが充分に混ざった状態。ヤマイモの品質によって粘りの度合い、液体の濃度も変わってくる。

5 牛乳、サラダ油を加えて泡立て器で混ぜる。続いて、炒めタマネギ、白コショウを加え、さらに混ぜる。

6 2の粉類を加え、箸3本を立てて50〜60回混ぜる。ヤマイモの弾力があるので混ぜる回数を多くしている。箸の持ち方、混ぜ方は109ページ参照。

7 粉と生地がほぼ混ざったら、切りそろえた1の具材を6の生地に加え、大きく7〜8回混ぜる。

8 パウンド型に生地の半量を流し入れ、ゴムベラでたいらにならす。ブロッコリーは切り口を下にして一列に並べる。

9 残りの生地を入れたら型のまま台に軽く落とし、生地が型全体に行き渡るようにする。ゴムベラで軽く表面をならし、飾り用のインゲン、パプリカ、トマトをのせ、粉チーズをふる。180℃のオーブンで50〜55分、表面に焼き色がつくまで焼く。型からはずし、網にのせて粗熱をとる。

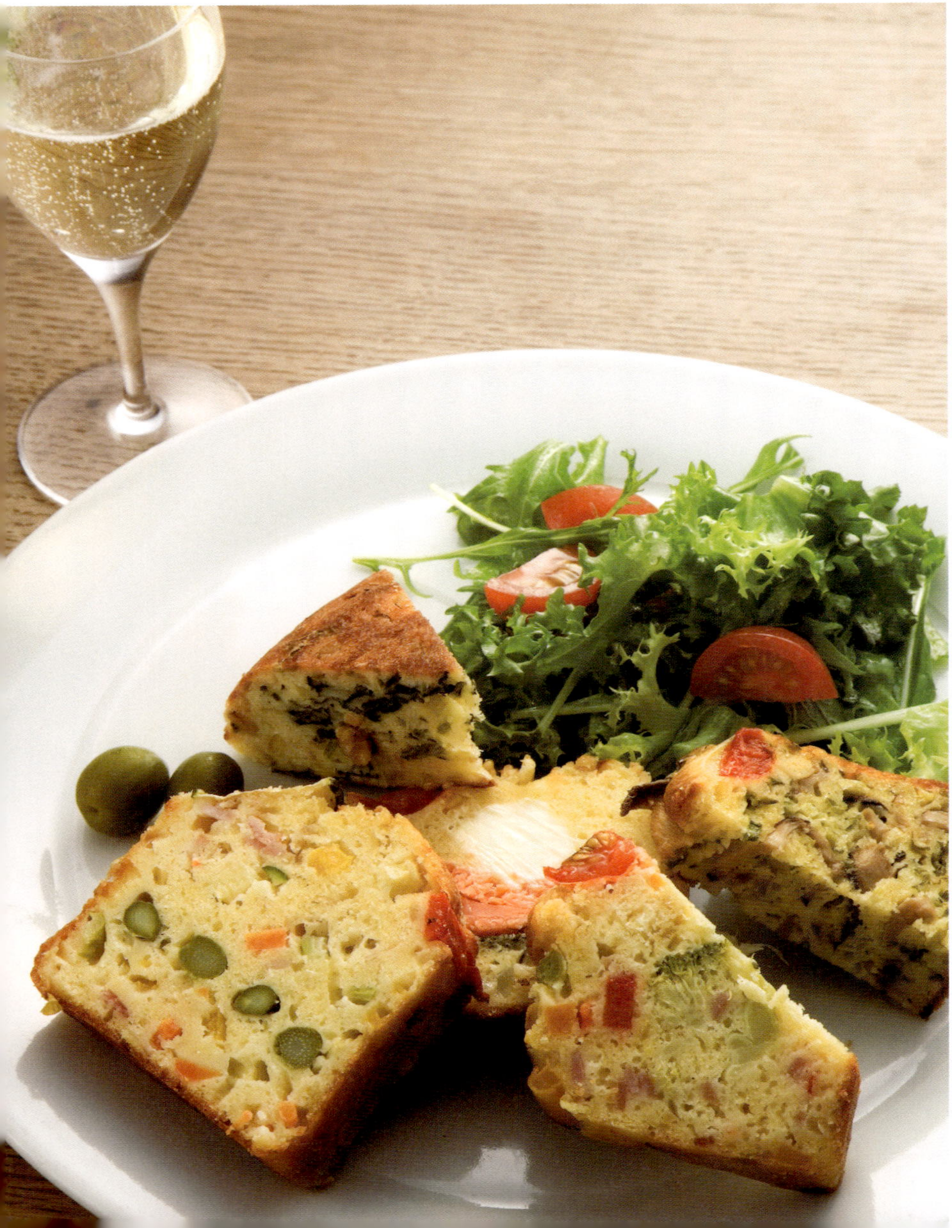

野菜のタルト　Tarte aux légumes

野菜をたっぷり使ったお惣菜タルトです。
空焼きタイプ(54ページ)の生地に、塩味のアパレイユを流して焼き上げます。
「タマネギのタルト」は、タマネギをじっくり炒めて甘さを引き出すのがポイント。
具材がタマネギのみとシンプルですが、炒めたタマネギの甘さが際立ちます。
「トマトとパプリカのタルト」は、生野菜を使ったあっさりと食べやすいタイプ。
野菜から出る水分でアパレイユが水っぽくなりやすいので、
空焼きした生地に卵を塗って湿気り止めをすることと、
卵の分量を多くしてアパレイユを固まりやすくしています。
どちらも軽食やオードブルにぴったりの1品です。

タマネギのタルト

材料
（直径16cmのタルト型1台分）

パート・ブリゼ　150g（54ページ参照）
タマネギ　中1 1/2個（約250g）
薄力粉　8g
生クリーム　100g
卵黄　14g
全卵　27g
塩　小さじ1/6
コショウ
ナツメグ（できればホールをすりおろす）
カイエンヌペッパー　各少量

飾り用タマネギ　小1個
オリーブ油　適量
塩　少量

下準備

- 52ページ「フルーツのタルト」のパート・ブリゼ生地をつくる。54ページ1〜18と同様に、タルト型に敷き込んだ生地を冷凍しておく。

- オーブンペーパーを直径17cmの円形に切りとり、周囲は2cm間隔で2cmの切り込みを入れる。

- オーブンを予熱する。空焼きのときは、焼成温度200〜210℃＋20〜40℃、アパレイユを流した後は、焼成温度180℃＋20〜40℃。

食べごろ
- つくってから2日目までが食べごろです。食べる直前に温め直します。

ポイント
- 具材がタマネギだけなので、長めに茶色くなるまでしっかりと炒めて甘さを引き出します。
- シンプルなおいしさに、スパイスを加えて旨みと風味をプラス。洗練された味わいになります。

タルト生地を空焼きする

1 パート・ブリゼ生地を空焼きする。冷凍しておいた生地にオーブンペーパーを敷き込み、重石をのせて200〜210℃のオーブンで28〜30分間焼く。底まで焼き色がついたらオーブンから出し、網にのせて粗熱をとる。生地に穴や欠けがあれば57ページと同様に補修しておく。

アパレイユをつくる

2 タマネギは縦半分にカットして薄切りにする。フライパンにバター少量（分量外）を溶かし、タマネギを入れてうっすら焦げ色がつくまで炒める。最初は強火で、一部に少し焦げ目がついてきたら弱火にして、約20分ほどじっくり気長に炒める。

3 バットに取り出して冷ましておく。冷ましている間にも色づきが増す。

4 ボウルに薄力粉を入れ、生クリームを少しずつ加えて、泡立て器でなめらかになるまで混ぜる。

5 続いて、溶いた卵黄、全卵を加えて混ぜる。塩、コショウ、ナツメグ、カイエンヌペッパーも加える。

6 ゴムベラに持ち替えて、冷ました3のタマネギを加える。再度味をみて、塩、コショウで味をととのえる。

焼成

7 1のタルト生地に6を流し、180℃のオーブンで20〜23分間焼く。

8 タマネギの飾りは、皮つきのまま6〜8等分のくし型に切り、切り口にオリーブ油と塩をふる。7のオーブンで一緒に10〜15分間焼く（逆算して、焼き上がりの10〜15分前にオーブンに入れる）。焼き上がったタルトにのせて仕上げる。

9 タルトの焼き上がりは、上から押してみて固まっていればOK。オーブンから出して網にのせて冷ます。

トマトとパプリカのタルト

材料
（直径16cmのタルト型1台分）

パート・ブリゼ　150g
　（54ページ参照）
卵黄　適量
ミニトマト　70g
タマネギ　50g
パプリカ　80g（赤・黄合わせて）
全卵　62g
生クリーム　75g
塩、コショウ　各小さじ1/8強
エメンタールチーズ　10g
　（または粉チーズなどすりおろした
　チーズを。細切りタイプは避ける）

下準備
・52ページ「フルーツのタルト」のパート・ブリゼ生地をつくる。54ページ1〜18と同様に、タルト型に敷き込んだ生地を冷凍しておく。
・オーブンペーパーを直径17cmの円形に切りとり、周囲は2cm間隔で2cmの切り込みを入れる。
・オーブンを予熱する。空焼きのときは、焼成温度200〜210℃＋20〜40℃、アパレイユを流した後は、焼成温度180℃＋20〜40℃。

食べごろ
・焼き上がり当日が食べごろです。野菜から水分が出てくるので翌日以降はおすすめしません。

ポイント
・焼き上がり後、アパレイユが水っぽくなりがちなので、空焼き後の生地に卵黄を塗ってタルト生地に水分がしみないようにします。

・トマトは水けをよくふきとり、パプリカは一度レンジにかけて水分を飛ばしてから使います。

・生野菜の占める割合が大きいので、アパレイユには塩、コショウで味をつけ、また卵の割合を多くして固まりやすくしました。

タルト生地を空焼きする

1 パート・ブリゼ生地を空焼きする。冷凍庫で休ませておいた生地にオーブンペーパーを敷き込み、重石をのせて200〜210℃のオーブンで28〜30分間焼く。底まで焼き色がついたらオーブンから出し、網にのせて粗熱をとる。生地に穴や欠けがないか確認し、あれば57ページと同様に補修しておく。空焼き後、すぐに内側に卵黄を塗って余熱で乾かす。これが湿気り止めの役目を果たす。

アパレイユをつくる

2 ミニトマトは5〜6mm厚さに切って種をとり、水けをペーパーでふきとる。タマネギは薄切りにする。パプリカは種とへたを取り、塩少量（分量外）を振って、600Wの電子レンジに1分半ほどかける。完全に火を通さなくてOK。繊維に沿って5〜6mm幅にカットする。

3 ボウルに全卵を入れてほぐし、生クリームを加えて泡立て器で混ぜ合わせる。一度、漉し器を通す。

4 塩、コショウとチーズを加えたら、ゴムベラに持ち替えてチーズが沈まないように混ぜ合わせる。

5 1のタルト生地に、重ならないようにミニトマトを並べる。

6 ミニトマトの上に、パプリカの半量をのせ、4のアパレイユの半量を流し入れる。

7 残りのパプリカとタマネギを合わせて6にのせ、残りのアパレイユを流す。

焼成

8 180℃のオーブンで23分間焼く。生地をさわってみて固まっていれば焼き上がり。オーブンから出して網にのせて冷ます。

副材料をつくる

🥄 ミックススパイス

自然な香りでスパイスの苦手な人にもおすすめ。
お菓子の甘さを自然に引き立てるオリジナルブレンド
＊パウンドケーキ、シフォンケーキ、クッキーなどの生地に混ぜ込んで。

材料
※数字は配合比率だが、このまま重量(g)におきかえてもよい。

ナツメグ（ホール）　1
ジンジャー（粉末とホールを半量ずつ）　2
クローブ（粉末とホールを半量ずつ）　2
グリーンアニス（粉末）　2
　※仏産が香りがよい。またはオールスパイス、アニスなどで代用可。
シナモン（粉末）　2.5

つくり方

1　ナツメグとジンジャーは、目の細かいおろし器ですりおろす。

2　クローブはスパイスマッシャー、またはミルサーなどにかけてすりつぶす。写真はタイの石臼「クロックヒン」。

3　材料を合わせたら、ふるいにはかけずにそのまま使う。風味が落ちるので1週間ほどで使いきる。

🥄 小豆煮

豆の風味を生かし、ひたひたの煮汁で旨みを凝縮させながら煮上げる
＊マフィン、パウンドケーキ、シフォンケーキの生地に混ぜ込む。
　桜花の塩漬け、抹茶との相性もよい。

材料
アズキ（乾燥）　300g
グラニュー糖　195g
塩　少量（約小さじ1/10）

つくり方

1　アズキを洗い、鍋に入れてたっぷりの水を加えて火にかける。一度、沸騰したらゆでこぼしてザルに上げる。

2　すぐにかぶるくらいの水とともに火にかける。水が多すぎると豆の風味が失われ、あとで捨てることになるので加減する。沸騰したら火を弱める。

3　ふたをして、豆がやわらかくなるまで40分間ほど煮る。途中で煮汁が減ったら、湯を適量足して豆が湯から出ないようにする。食べて芯が残っていなければでき上がり。煮上がったときに煮汁が豆の1/2量ほどがベスト。余分な煮汁は捨てる。

4　分量の砂糖と塩を一度に加え、そっと混ぜて煮溶かす。そのまま静かに7～8分間煮て火を止める。

5　一晩おき、水分を吸わせて味を落ち着かせてから使う。

● アンズジャム

爽やかな酸味とほんのり心地よい甘さ。
アンズのフレッシュさが感じられるジャム
＊タルトやマフィンの仕上げに塗る。

材料

アンズ缶（ゴールドリーフ）
　　200g（シロップをきった状態）
レモン汁　6cc
グラニュー糖　100g
［ジャムベース　6g
　グラニュー糖　12g］
水あめ　26g

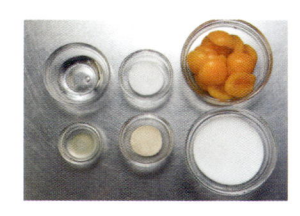

つくり方

1　アンズをミキサーにかけてなめらかにする。ミキサーが回らない場合、缶のシロップ大さじ1を加える。鍋に入れ、レモン汁と砂糖の半量を加えて火にかける。

2　ジャムベースと砂糖を手で混ぜる。ジャムベース単体だとダマになりやすいので、必ず砂糖と混ぜておく。

3　1が温まってひと煮立ちしたら、火を止めて2を一度に加える。すぐに泡立て器でよく混ぜる。余熱を利用してジャムベースを完全に溶かす。

4　再度火にかけ、残りの砂糖を加えて沸騰したら弱火で2〜3分間煮る。

5　水あめを加えて溶かし、軽く沸騰させながら3〜4分間煮る。味を見て、酸味が足りなければレモン汁を加える。

6　鍋底にゴムベラで線が描けるようになればでき上がり。固いようなら水大さじ1を加える。

● フランボワーズジャム

フランボワーズの酸味を生かした爽やかなジャム。
水あめを加えてなめらかに

ジュレ

レモンの自然な風味。
フルーツなどにジュレがけするもの全般に
＊ショートケーキのイチゴや果物のデコレーションに。

材料

水　65g
グラニュー糖　22g
　ジャムベース　3g
　グラニュー糖　3g
レモン汁　6cc

つくり方

1 小鍋に、水と砂糖を入れて火にかける。
2 沸騰したら火を止め、砂糖とジャムベースを混ぜたものを一度に加えて、溶けるまでよく混ぜる。
3 再度火にかけ、なめらかになったらレモン汁を加えて、火を止める。
4 茶漉しなどで漉して仕上げる。ふたつき容器などに入れて冷蔵保存する。

材料

冷凍フランボワーズ
　（ラビフリュイ。ホール）　230g
水　50g
　ジャムベース　12g
　グラニュー糖　20g
水あめ　90g
グラニュー糖　170g

つくり方

1 鍋にフランボワーズと水を入れて火にかける。フランボワーズは木べらなどでつぶさなくても、自然につぶれてくる。
2 解凍してひと煮立ちしたら、一度火を止め、砂糖と混ぜたジャムベースを加える。ダマにならないようにすぐに泡立て器でよく混ぜる。
3 再度火にかけ、弱火で2〜3分間煮たところで、砂糖と水あめを半量ずつ加える。さらに4〜5分煮詰めたら、残りの砂糖と水あめを入れて弱火で4〜5分間煮る。
4 全体がとろりとしてつやが出てきたらでき上がり。

器具と材料について

1　ボウル、泡立て器
口径21cm、深さ11cmの「無印良品」ステンレスボウルをメインに使用しています。底面が広く、深さもあるため、泡立てたり混ぜたりする作業に最適です。他に中（口径17cm）・小（同13cm）のボウルもそろえておきましょう。メインで使う泡立て器は28〜30cm長さ。小型のボウルと合わせて使う小タイプ（約20cm長さ）もあると便利です。

2　ゴムベラ
耐熱性のシリコン樹脂製で、適度な"しなり"がある「イイヅカゴムベラ」を使用。柄とヘラが一体になっているものが衛生的でおすすめです。生地を混ぜたり、はらうだけでなく、耐熱性があるのでジャムやクリームを煮るときにも。

3　木べら、刷毛
木べらは固い素材を練り合わせたり、裏漉しなど力を加えるときに使います。刷毛は焼き上げた生地にシロップを打ったり、仕上げのジャムを塗るときに欠かせません。毛足が長く、毛が抜けにくい高品質なものを求めてください。

4　カード
適度な固さがあるものがおすすめです。生地を混ぜたり、すくったり、たいらにならすだけでなく、裏漉しなどにも使います。

5　パレットナイフ
ショートケーキなどにクリームやジャムを塗ったり、焼成後のシフォン生地などを型からはずすときに使います。柄からナイフ面がまっすぐなものと、手元に段差がついたもの両方があると便利です。

6　ハンドミキサー
ハンドミキサーはパナソニック製をおすすめしています。羽根の先がすぼまった形状や、細いワイヤー製はここでは使用していません。

7　デジタル計り
1g単位で正確に計量できる電子計りはお菓子づくりの必需品。やや高価ですが、0.1g単位まで計れるタイプもあります。

8　デジタル温度計
生地や材料の温度管理もお菓子づくり上達のポイント。非接触型の赤外線放射温度計なら、素材に直接ふれることなく表面温度を正確に計測できます。

9　オーブンペーパー、ロール紙
本書で使う製菓用の紙は2種類。ひとつは表面加工した「オーブンペーパー」と呼んでいるもので、はく離性が高く、生地がさらっとはがれ落ちます。もう一方の「ロール紙」は、焼き上げた生地に密着するので、そのまま保存して乾燥を防ぎます。

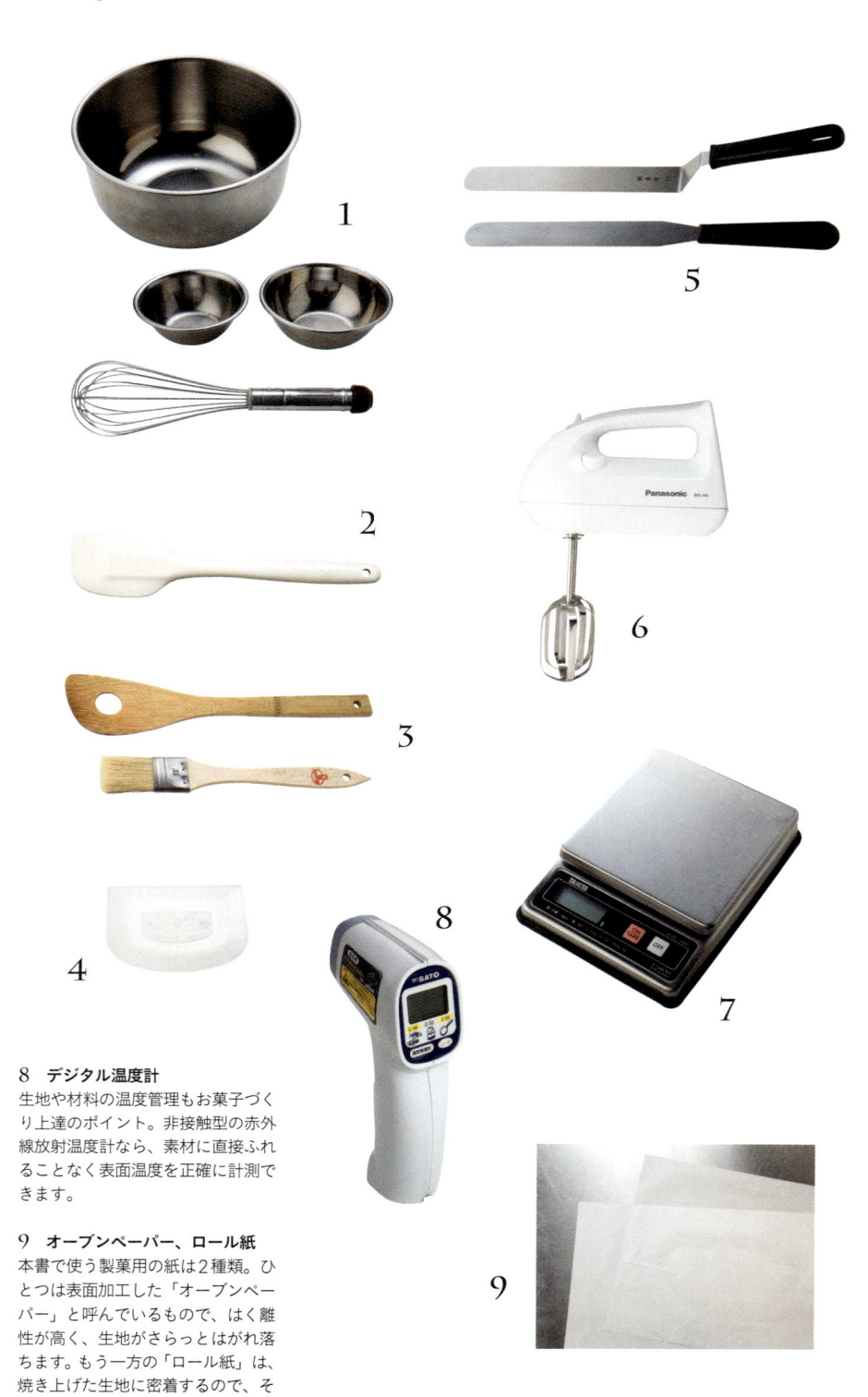

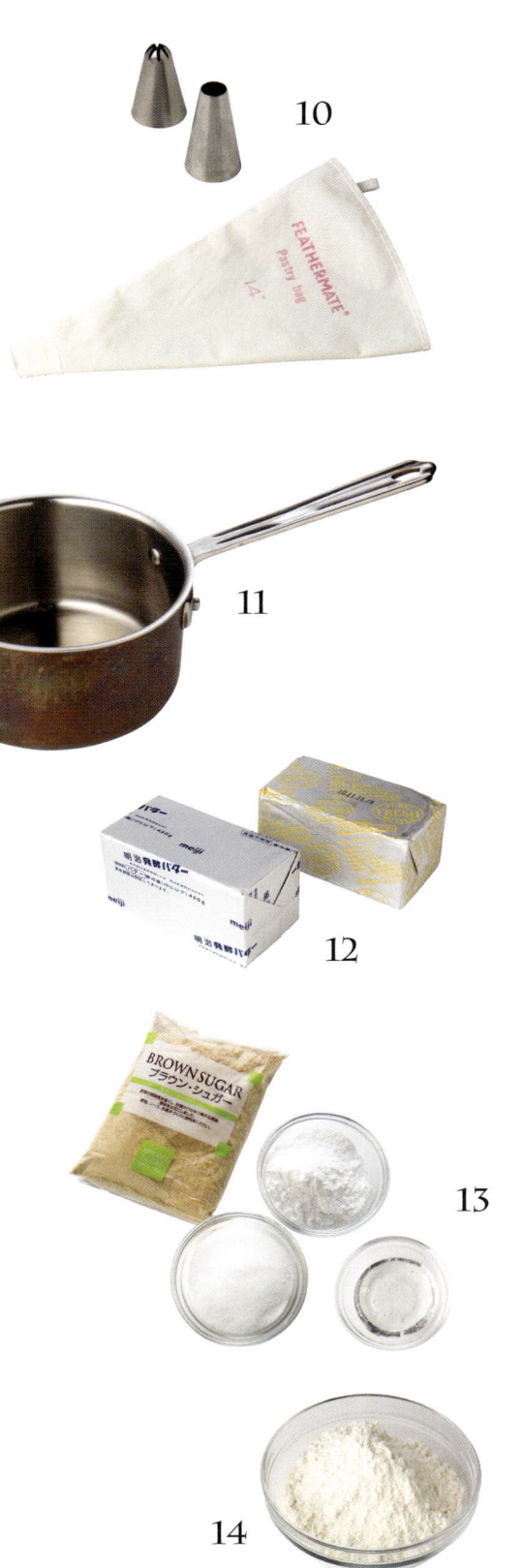

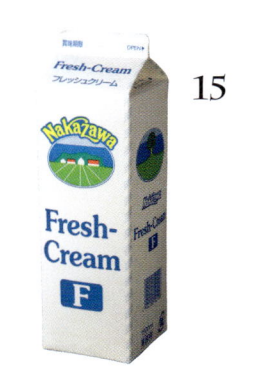

13　砂糖（グラニュー糖、粉糖、ブラウンシュガー、水あめ）
砂糖はすべてグラニュー糖「細粒」タイプを使用しています（シロップなど煮溶かすものは普通のグラニュー糖でOK）。粒子が細かいため、冷たい素材にもすぐに溶け、また空気の含みがよいのでその後の作業がスムースです。なければ普通のグラニュー糖をフードプロセッサーにかけて使ってください。ほかの砂糖は、とくに口あたりを重視する場合は粉糖を、コクをプラスしたいものにはブラウンシュガー（細粒タイプ）を、しっとりと仕上げたいものには水あめを加えています。

14　小麦粉
焼き菓子には薄力粉の中でも、日清製粉「バイオレット」を、とくに軽さを出したいロールケーキにのみ「スーパーバイオレット」を使っています。後者は粒子が細かいため軽く仕上がりますが、反面ダマになりやすいのでよくふるうなど扱いに注意が必要です。国産小麦は品質にムラがあるので使っていません。

15　生クリーム
本書に掲載したお菓子には、すべて純乳脂肪分45％のものを使っています。低脂肪や植物性脂肪の生クリームは使いません。

16　バニラビーンズ
深い香りでクセのないマダガスカル産を使っています。

17　チョコレート、カカオパウダー
チョコレートはクーベルチュールと呼ばれる製菓用チョコレートを使ってください。その際、カカオ分やメーカーの違うものを組み合わせて使ってもいいでしょう。本書では、カカオ分64％のペック「スーパーゲアキル」、同55％のカカオバリー「エクセランス」を使用。カカオパウダーはバンホーテン製。

18　冷凍フルーツ
香りの高いラビフリュイ製を使っています。ホール、ピュレなど用途に応じて選びましょう。

10　絞り袋、口金
絞り袋は耐久性にすぐれたポリエステル製で、洗ってくり返し使えるタイプを。口金は花型、丸型などからそろえてください。

11　鍋
鍋はステンレス製で厚手のものを使っています。厚手の鍋は素材に均一に火が入り、蓄熱性も高いため仕上がりが早くてきれいなのでおすすめです。

12　無塩バター、無塩バター［発酵］
バターは無塩のものを使いますが、お菓子によっては「発酵バター」を指定しています。これはバターを乳酸発酵させたもので特有の酸味があり、使うと風味とコクが増します。

小嶋ルミ

鹿児島県出身。日本大学芸術学部音楽学科卒業。
料理人である夫、小嶋昇氏との結婚を機に製菓の道へ進む。東京製菓学校卒業後、新宿中村屋「グロリエッテ」にて横溝春雄氏に師事。1987年に東京・小金井市に「ケーキ工房オーブン・ミトン」を開業。89年より菓子教室をはじめる。2006年に店舗を移転し、現在はカフェ併設のケーキ販売店と菓子教室を運営する。菓子関連の著書も多数あり、シンプルでわかりやすいレシピに定評がある。

オーブン・ミトンカフェ〜はけの森〜（イートイン・ケーキ販売）
東京都小金井市中町1-11-3　TEL/FAX　042-385-7410

オーブン・ミトン工房（ケーキ教室）
東京都小金井市本町1-12-13　TEL/FAX　042-388-2217

小嶋ルミの 決定版 ケーキ・レッスン
生地からわかる38品

初版発行　2011年8月31日
7版発行　2019年12月30日

著者Ⓒ　　小嶋ルミ（こじま）
発行者　　丸山兼一
発行所　　株式会社柴田書店
　　　　　〒113-8477
　　　　　東京都文京区湯島3-26-9　イヤサカビル
　　　　　電話　営業部 03-5816-8282（注文・問合せ）
　　　　　　　　書籍編集部 03-5816-8260
ホームページ　http://www.shibatashoten.co.jp
印刷・製本　凸版印刷株式会社

ISBN　978-4-388-06117-4

本書収録内容の無断掲載・複写（コピー）・引用・
データ配信などの行為は固く禁じます。
落丁・乱丁本はお取替えいたします。
Printed in Japan

7